U0451441

论 爱

柏拉图《会饮》评注

〔意〕斐奇诺 著

梁中和 李旸 译

商务印书馆

Marsilio Ficino
DE AMORE: COMMENTARIUM IN CONVIVIUM PLATONIS
Florence, 1469

中译本导言
灵魂归宁之路

在我们的时代，大众对柏拉图的全部理解几乎只剩下了"柏拉图式的爱"（amor platonicus），而且往往只将其看作少年的浪漫主义情怀。在他们眼中，这种排斥肉体接触的"精神性恋爱"注定是镜中花、水中月，既没有实惠也难于实现。大众需要的爱大多靠触觉、视觉开启，靠相互占有和博弈维持，一些没有意识到灵魂存在的躯腔，的确很难理解何谓精神性的爱。

因此，对现代人而言，要恰当理解"柏拉图式的爱"，首要问题就是如何意识到"灵魂"的存在——意识到在满足口腹、下体之欲以外，这个肉身中还有种精神力量，叫作"灵魂"。也许现代人很难想象，原来只有灵魂，才是爱的真正载体。

马奇里奥·斐奇诺是历史上第一位明确提出"柏拉图式的爱"的人，对斐奇诺同时代人而言，灵魂问题只是有些模糊，还很少有人质疑或忘却人有灵魂。因此，对斐奇诺而言，问题只在于解释灵魂如何去爱：

灵魂如何爱身体？

灵魂如何爱灵魂？

灵魂如何爱至高的存在？

在介绍斐奇诺对"柏拉图式的爱"的解答之前，我们先简单回顾他之前的古代思想家如何看待这些问题。

一、灵魂与爱的诞生：苏格拉底以来的思想渊源

苏格拉底和几位青年的爱情自古皆知，如果我们以现代病理学的眼光把当时男性之间特别是男性长者和青年之间的爱恋，看作一种有机体和心理病因的性倒错，那么必将错过苏格拉底对爱的看法。在苏格拉底和他最重要的爱人阿尔喀比亚德之间的对话《阿尔喀比亚德前篇》中我们知道，苏格拉底说的他所爱的其实是阿尔喀比亚德的灵魂，因为人即灵魂（《阿尔喀比亚德前篇》131c）。而且据色诺芬讲，苏格拉底对青年人的渴慕也不在于其年轻的身体，而在于他们更适于完善德性的灵魂（《回忆苏格拉底》4.1.2）。

从柏拉图"早期"对话《吕西斯》看，苏格拉底所中意的男性之间的友爱是基于知识、智慧和善的，德性有客观的标准，用以反对当时流行的"同类相聚""反者相斥"等自然法则支配下的解释。虽然我们很难区分苏格拉底和柏拉图的具体观点，但就柏拉图本人而言，其著名的论爱的著作《会饮》给出的爱的解释纷繁复杂，足以为后世解读各种意义上的爱提供丰富的思想资源。其中肯定了《吕西斯》未决的问题，说人在本性上只向往美和善的事物，这应该是柏拉图继承自苏格拉底的笃定观念。《会饮》中相对而言代表苏格拉底—柏拉图的观点的内容要数苏格拉底转述的第俄提玛的话。第俄提玛说：爱一方面来自贫乏，一方面永远追求美和善，爱神是介于神与人之间的存在，就其贫

乏而言类似于人，就其本性上追求美善而言则近乎神。有死的人只有通过爱才能获得延续，不光是靠生育获得的肉体延续，还有精神的延续，苏格拉底作为著名的精神助产士更偏重于后者。柏拉图在《斐德若》中继续讨论爱欲的迷狂，一种人超越理智直接面对美善时产生的震撼和迷恋。就像灵魂驾驭着有劣马的马车，其冲动常使驾驭者为难；只有爱者的灵魂带着崇敬和畏惧追求被爱者时，劣马才得以驯服，被爱者才能逐渐爱恋爱者，这时也才出现一种爱的平衡和融洽。① 苏格拉底—柏拉图的爱不是与性吸引相分离的，而是架构了一种爱的阶梯，它开始于男性之间牧歌般的爱慕，而最终在对美善的共同倾慕中一起热爱智慧本身。②

后来，亚里士多德在《尼各马可伦理学》和《尤台谟伦理学》中都对柏拉图解释的苏格拉底的爱进行了进一步分析。《尼各马可伦理学》卷八呼应《吕西斯》中友爱的讨论，将友爱严格限定在人与人之间，而将人与物或物与物之间的感情排除出友爱的范围。他认为有三种友爱：因有用性而产生的爱、因快乐而生的爱、因善而生的爱。第三种爱只存在于善人之间，是长久的。③从苏格拉底到亚里士多德有一种共同倾向，就是将真正的爱看作对美、善和智慧的根本倾慕，这种倾慕是先天性的，也是适宜而合理的。

---

① 参考廖申白在《亚里士多德友爱论研究》（河南人民出版社2000年版，页37—48）中的分析。
② 泰勒主编：《从开端到柏拉图》，韩东晖等译，中国人民大学出版社2003年版，页475。
③ 汪子嵩等：《希腊哲学史》（第二卷），人民出版社1993年版，页458—459。

西塞罗在著名的《论友谊》中主要继承了亚里士多德的传统，认为友谊只存在于好人之间，他说的好人是指"他们的行为和生活无疑是高尚、清白、公正和慷慨的；他们不贪婪、不淫荡、不粗暴；他们有勇气去做自己认为正确的事情"，并且将友谊明确定义为"对关于人和神的一切问题的看法完全一致，并且相互之间有一种亲善和挚爱"，他说友谊是智慧之外神灵赐给人类的最好的东西。他也继承苏格拉底—柏拉图传统，认为友谊出于本性的冲动而非求助他人。[1]

普罗提诺继承了柏拉图的学说，认为每个灵魂都有向往美的爱，所有生命本性中都有这种爱，人类天生缺乏美善同时也天生渴望美善，因此他们需要回归更高的存在。(《九章集》3.5)伪狄奥尼修斯也认为至善至美必然是万物所欲望、渴求和热爱的，神因为善而创造万物、完善和维持万物，并使它们回转。神圣的渴求是为了至善的，他着力肯定了"欲望、欲求"，将渴求和爱看作意义完全一致的东西，"真正的渴求"适合于《圣经》和上帝。这种至高的神圣渴求会产生迷狂出神，在下者回归在上者，正如保罗所说，"现在活着的不再是我，乃是基督在我里面活着"。他说圣保罗是真正的爱者，他在对上帝的爱中不再拥有自己。(《论圣名》4.9—12)[2]斐奇诺从伪狄奥尼修斯这里接受了"欲望"概念，也转承了圣保罗的在爱中自我消失的思想。

---

[1] 西塞罗：《论老年 论友谊 论责任》，徐奕春译，商务印书馆1998年版，页52、53、57。

[2] 中译文参见(托名)狄奥尼修斯：《神秘神学》，包利民译，生活·读书·新知三联书店1998年版，页31—34。

二、"柏拉图式的爱"的发明

斐奇诺被认为是"柏拉图式的爱"的发明者，主要是因为这一概念在他的《〈会饮〉评注》被译成意大利语、德语、法语后得到广泛传播，虽然他真正首次提出这一概念是在一封信中。

斐奇诺认为一段爱的真实经验唤醒一个灵魂与上帝相连的自然欲求，爱可能是从感官因素开始的，但那只是对真正的爱的准备，即对上帝之爱的准备。点燃人类之间共同欲念的美和善应该被理解为神的美和善的反映。我们对他人的爱其实真正地属于上帝。在哲学生涯中，爱人之间对真理的积极探求是爱的真正基础，爱人间的真正联系也由此形成，真正神圣的爱是独立于性爱而存在的，是能够在同性或异性之间存在的。[①]

当时关于柏拉图式的爱有很多争论和攻击，特别是涉及同性恋爱方面的。斐奇诺反驳了人们对柏拉图品格的攻击，也捍卫了苏格拉底的名誉，他指出即使是在对苏格拉底的指控中也没有对他非正常爱情的责难，接着问道："你们觉得如果他已经用这么下流的污点玷污了自己，甚或如果他并没有完全躲过这一指控的嫌疑，他能逃脱那些诋毁者的毒舌吗？"[②]他说谁胆敢诽谤柏拉图是因为"他沉溺于（欲）爱中太深"，谁就应当为他们自

---

① 参见 *Routledge Encyclopedia of Philosophy*, General Editor Edward Craig, London, 1998, "Ficino, Marsilio"词条。相关资料见词条文献注释部分。

② Marcilio Ficino, *Commentary on Plato's Symposium on Love*, trans. S. Jayne, Dallas, 1985, p.155；拉丁文本参见 *Commentaire sur le Banquet de Platon*, ed. R. Marcel, Paris, 1956, p.242.

己感到羞愧,"因为我们永远不能过分纵容自己,甚至不能满足有礼的、道德的和神圣的激情"。①

斐奇诺将柏拉图的爱与《圣经》中关于爱的讨论联系了起来,他坚持认为苏格拉底对卡尔米德闪现出的一瞬间的燃烧的欲望,应该被重新解释,就像所罗门之歌一样,应该被看成是有寓意的。② 一方面,与前人相比,斐奇诺更是将柏拉图的爱基督教化;另一方面,斐奇诺强调"柏拉图式的爱"在新柏拉图主义形而上学中的地位,从而使这个概念更受欢迎。斐奇诺很大程度上倚重普罗提诺的《九章集》卷一章六"论美"和卷三章五"论爱"。斐奇诺将第俄提玛的爱的阶梯(《会饮》210a—12a)转变为灵魂本体的上升,灵魂通过天使的理智最终达到太一,后者在新柏拉图主义中相当于基督教的"上帝"。③

然而斐奇诺本人就真实地爱着一个男人,当然不是性爱意义上的爱,他的《〈会饮〉评注》就是献给他的爱人乔万尼·卡瓦坎提(Giovanni Cavalcanti)的。斐奇诺说尽管他之前已经从柏拉图那里了解了"爱"的定义和本质,"这神有大能,但祂却对我隐匿了三十四年。直到一位神圣的英雄,用来自天界的眸瞥见我,他神采威奕地颔首,对我展示了这爱的伟力"④。这表明他的柏拉图式的爱的概念是较为男性化的,同时代人为他写的传记中

---

① Marcilio Ficino, *Commentary on Plato's Symposium on Love*, p. 41; *Commentaire sur le Banquet de Platon*, p. 143.

② *Opera Ficini*, II, p. 1304; 斐奇诺注释《斐德若》中亦有相似的说法,参见 M. J. B. Allen ed., *Marsilio Ficino and the Phaedran Charioteer*, Berkeley, 1981, pp. 78–79; James Hankins, *Plato in the Italian Renaissance*, 2 vols, Leiden, 1990, Vol. I, p. 313.

③ Marcilio Ficino, *Commentary on Plato's Symposium on Love*, pp. 136–145; *Commentaire sur le Banquet de Platon*, pp. 230–239.

④ P. O. Kristeller, *Supplementum Ficinianum*, 2 vols, Florence, 1937, Vol. I, p. 87.

也提到"他痴迷于苏格拉底的那种爱，他曾经讨论苏格拉底对待青年的方式中的爱的主题，并为其辩护"①。

我们要清楚的是，斐奇诺明确谴责同性性行为，他认为那是"违背自然秩序的"。但是他认为这并不影响人们通过男性之间的爱，来帮助柏拉图式的灵魂追求向着终极之美的精神性上升。在斐奇诺看来，寻求低等的爱的男人，只是寻求物理的"受精和繁衍"(《会饮》206e)，寻求"欲望"的满足，寻求一个美人儿，来生育"俊美的后代"；追求更高的神圣之爱的人，则属意于灵魂而非身体，意欲教导"那些俊美的男子"，并且从其卓越的外表看到内在的德性。② 在这神圣的攀升的旅程中，斐奇诺认为我们应该以神为导引，以一位男性为伙伴。③

从斐奇诺对年长者与少年男子的爱的简述，我们可以了解柏拉图式的爱的大体内容：

> 它(爱)首先源自上帝，然后穿过天使和灵魂，如同穿过玻璃一般；从灵魂那里它很容易进入准备好接受它的身体之中。然后，从一位年轻之人的身体中，它照射出来，特别是通过眼睛，这灵魂的透明窗户。它向上飞着，穿过空气，射进了年长者的眼睛之中，穿透其灵魂，并点燃了

---

① Giovanni Corsi, *Vita Marsili Ficini*, 见 *The Letters of Marsilio Ficino*, Vol. I-XI, translated by members of the Language Department of the School of Economic Science, London, 1975, III, p. 144; 拉丁文本参见 R. Marcel, *Marcel Ficin*, Paris, 1958, p. 686.

② Marcilio Ficino, *Commentary on Plato's Symposium on Love*, pp. 54, 131-132; *Commentaire sur le Banquet de Platon*, pp. 155, 225.

③ *The Letters of Marsilio Ficino*, I, pp. 96-97; *Opera Ficini*, II, pp. 633-634. 参见 Jill Kraye, *Classical Tradition in Renaissance Philosophy*, Ashgate, 2002, III. 78-79.

他的欲望，于是它疗治着这受伤的灵魂，并平息着点燃的欲望，它带领它们去往它自身起源的地方，一步一步地，首先到达被爱之人的身体，然后是灵魂，然后是天使，最后到达上帝，这一光芒的最初起源。(DA, 6.10)①

下面我们就详细论述斐奇诺眼中这由具体到宏大的爱的旅程。

三、灵魂归宁途中的爱侣：作为精神引导的"柏拉图式的爱"

斐奇诺的"柏拉图式的爱"也分意义层级，我们要想了解其最高的意义必须从起步说起，首先是灵魂对身体的爱和两性之间的爱，其次是灵魂之间的超越性别的爱，最后再讨论其"柏拉图式的爱"的内在理论层次和最高奥义。

（一）灵魂对身体的爱和两性之爱：爱愿与婚姻

从灵魂与身体的关系来看，灵魂似乎只是受制于身体，对身体没有爱。灵魂只是将自己回归神圣的本性带到身体中来，因为它本性上是活动的和有作用的，它一定会转向其本性上的最初对非物质者的渴念，而这种渴念将其完全转向了无形无象者。(PTH, APP, 25)②但在斐奇诺看来，人们不必因为自己总是屈从于身体而烦

---

① DA 是斐奇诺《论爱》(De Amore)的缩写，这里指《论爱》第六篇谈话第十章，以下均依此例。

② PTH 指斐奇诺《柏拉图神学》，一般后跟标准拉丁文本章节数，此处 APP 指附录，25 为行数，下同。《柏拉图神学》拉丁文英文对照本参见 Marsilio Ficino, *Platonic Theology*, Vol.1-6, Latin text edited by James Hankins with William Bowen, English translation by Michael J. B. Allen with John Warden, Cambridge, Massachusetts/London, 2001-2006。

恼，因为那不是屈从于某种势力，而是屈从于爱，正是爱使得灵魂有机缘进入身体，身体也才有了生命，正是爱给予子女和自己的手工艺品以灵魂。比如，一个母亲爱自己的孩子就像爱自己的手工艺品一样，母亲因为爱孩子而常屈从于孩子，这种行为有时是对的，有时则是溺爱，灵魂之于身体也是如此。因此灵魂屈从于身体并非本性使然，特别是当灵魂在反思过程中反对身体时，即便灵魂赞同身体，也不是出于本性或被迫为之，而是因为爱，这便是灵魂对身体的爱。(*PTH*, 9.3.8)斐奇诺说，在柏拉图看来，这种爱是满溢的生命给予最切近者以生命的丰沛欲望。(*PTH*, 13.4.3)这是一种丰足者与物分享生命的欲望，是一种美好的甚至是必然的愿望，我们姑且称之为"爱愿"。

当然，灵魂对身体的这种爱愿是有限的，特别是就人类而言。因为身体不是灵魂的源泉，这点很清楚。自杀就是个例子，斐奇诺认为只有人才会自杀，动物是不会的，可见人可以因为厌弃身体而主动要求脱离它。(*PTH*, 9.3.8)这种尴尬的爱是由灵魂的角色和地位决定的，因为灵魂本身是思想和形体之间的界限，它不光渴望神圣的事物，而且也由于自然的眷顾和爱与物质搅在一起。这种自然的爱将灵魂和身体结合在一起，而且它将灵魂禁锢在身体中，每天鼓动灵魂去不断滋养身体。灵魂的感知能力和欲望得到滋养，这时灵魂不光爱身体，而且它的爱还延伸到了其他和身体相关的事物，变得越来越贪婪和随意，这时一种恶习就形成了，甚至成了一种死亡，灵性的死亡。它为自己编织的网太密太厚，已经把自己包裹起来，不除去它们就无法让灵性苏醒。（PTH，16.7.12-13）但是我们不能说灵魂因为服侍身体或被身体玷污了而变得不神圣，灵魂并未被身体玷污，只是太爱身体而败坏了自己。（PTH，16.7.19）

因此，灵魂出于爱而进入身体，同样出于爱而离开它。（PTH，16.7.15）前者是自然赋予、生命的爱愿所赐，后者则是本性要求、源头的召唤。它对身体的爱是正当合法的，有理由、有根源的。但需要注意的是它不能溺爱身体，而要保持对神圣事物开放的灵性，才不至于被物质障蔽了本性。

以此推论，灵魂既然爱自己的身体，那么为了身体的感官愉悦，当然也就爱异性的身体，因为两性结合毕竟会满足身体的正当需要，这是两个灵魂相互接近的门径。一般认为柏拉图式的爱是精神性的，但其实斐奇诺的"柏拉图式的爱"并不妨害两性之间的关系。斐奇诺说人们在说两个灵魂相互接近时首先是身体相互接近并不奇怪，他认为性的结合不是罪（non malum est concubtius），因为人在向往善的时候自然会那样，罪恶在于夫妻俩灵魂中缺乏节制。身体的繁衍并不是来自不节制，而是来自性的结合。在这种繁衍中，上帝不是根据这种性结合的欲念来分配灵魂的，而是根据恩典的法则，这法则在永恒中从事物一开始就注视着性结合的频率和次数。（PTH，18.3.8）因此，如果身体之间的结合也算一种爱的话，它只不过是为灵魂的诞生和分配做准备，只是人们的灵魂追求善的最初脚步。斐奇诺不光不反对男女之间的性关系，而且认为那是自然本性的要求，罪孽在于不节制。

由性别参与和主导的人际关系的最高形式莫过于婚姻，斐奇诺对婚姻是赞赏的，虽然是在不同的意义层次上。他认为婚姻中最重要的是双方的人品和个性，女人挑选的男人应该是像泰米斯托克勒斯（Themistocles）说的那种"他需要钱而不是钱需要他的人"，男人挑选女人时只要知道普劳图斯（Plautus）说的"她带着好品质来就是带了足够的嫁妆"就行了。（Letters，5. 39）①这是在世俗的意义上讲。斐奇诺还认为如果一个人是神圣的，那么他的婚姻会通过生育而保存人类的种族。② 妻子和家庭会给人以甜美的安慰，或至少可以给人以最强大的道德哲学方面的激励，苏格拉底就曾坦承他从自己妻子们那里学到的道德哲学比从阿那克萨戈拉（Anaxagoras）或阿凯劳斯（Archelaus）那里学到的自然哲学还多。斐奇诺说自从人类被创造出来，没什么比婚姻建立得更早、更重要，它位列神圣的秘义之中，在人群中享有最高的尊敬。它的威力一再地得到尊重，智慧者也不鄙视它，因为他们看到婚姻有利于社会秩序，而且不妨碍学习，它还让人们生活节制，让人认真对待时间。

斐奇诺说也有人不结婚，那是例外。柏拉图年轻时反对婚姻，但是晚年反而悔恨，他献身于自然女神，才免于两种指责：一是忽视婚姻，二是没有子嗣。他在《法义》（721c、774a）中说，未娶妻者应该远离一切公职，并且当被课以重税。至尊赫尔墨斯（Hermes Trismegistus）也说，这种被人类的法律判为完全无子嗣的，神圣的法则也会判定其为干枯无果的树木。在神圣的法则下只有两种人可以得到豁免：一是由于本性残缺而完全不适

---

① Letters 是《斐奇诺书信集》（The Letters of Marsilio Ficino）的缩写，下同。
② 在这点上，斐奇诺与柏拉图的观点相合，参见柏拉图：《法义》，卷四，721c。

合婚姻的,二是将自己只献给智慧女神密涅瓦的,就像他们已经向一位妻子发誓。自然本身会原谅前者,但是如果誓志者追求爱神维纳斯,那么贞洁的智慧女神密涅瓦会谴责他们。

没有家庭和婚姻生活的人,没有经历对妻子儿女抱有的难以磨灭的爱的人,在斐奇诺看来不懂得如何真正地、坚定地爱别人。没有家庭教他忍耐,他永远不会容忍这个世界,也不懂得通过容忍而克服它。如果没有面对过妻子和孩子的哭泣,他就不会真正生出怜悯之心;如果心灵不熟悉不幸,他就不知道如何救助苦难的人。最最糟糕的是,不懂得如何料理家庭的人,也不会经常恳求上帝保佑其益利。这种人忽略了人间自身的律法中最重要的部分,忽略了对上帝的崇拜。没有婚姻护体,人很容易被剥光。人要和上帝一样,让子嗣和自己相像,让其繁衍,管理他们,引导他们。在地上的邦国获得执掌的技艺和权威,才配在天国尽职尽责。(Letters,3.34)

因此,斐奇诺在三个意义层面上肯定了婚姻,首先也是最重要的是婚姻有利于人们进入天国后有能力履行管理的职责,其次是有利于人们在人间发现和体证道德哲学,最后是有助于人们在现实中拥有爱和悲悯的能力。

斐奇诺肯定了灵魂对身体的爱和两性在婚姻中正当的爱,但是这些都还是"柏拉图式的爱"的基本层面。身体的结合毕竟比不上灵魂的吸引,两性婚姻中的爱毕竟受制于世俗事务和性别考虑,因此还有待超越。人间还有更高的爱。

(二)灵魂与灵魂的爱:在友谊中合一

斐奇诺用神话阐明了友谊的诞生及其与爱和信仰的关系:

优雅之神感动了爱神，爱神生出信仰之神，信仰之神拥抱其父亲爱神，在这种拥抱的温暖中，爱产生了友谊之神。信仰之神喂养了这个爱的婴孩，让她逐渐成长，保护她免受摧残毁坏。万物都是越老越衰弱，但友谊却是越久越强大。意志是免费的，因此获得友谊无需昂贵的代价。信仰历久弥坚，也让友谊坚定。(*Letters*, 1.56)

进一步阐发时，斐奇诺说，按照柏拉图主义的观点看，真正的友谊是两个男人生命的永恒合一。但是他认为生命合一只是说那些为同一目的工作的人们，就像他们选择同一条路、走向同一个终点，而真正恒久的友谊是把他们的目标设立在普遍而非单一、恒久而确切的责任上时产生的。斐奇诺论证说，人类总是在三个方面为他们认为好的东西努力：属灵魂的、属身体的和外在财物，也就是说，人们追求灵魂的德性、身体的愉悦和财物的富足。其中第一种追求对象是确切而恒久的，另外两种则是变化而有朽的。因此生命的永久结合，也即真正的友谊，只可能发生在那些一起追求着并非易变易逝的财富或感官享乐之物的人之间，只可能发生在有普遍的热忱和决断去追求和磨炼单一而永恒之灵魂德性的人之间。柏拉图称这种德性为"智慧"。斐奇诺认为，柏拉图用"太阳喻"让人们认识到正是神让我得以见到真理，也是神产生了真理，因此上帝对我们而言是道路、真理和生命：道路——正是祂的光使我们转向，引导我们回到祂那里，把我们聚合起来；真理——当我们转向祂时祂就向我们显现；生命——祂不断地滋养我们，让我们沉思祂的灵魂并给予它愉悦。一切智慧的基础就是对祂的渴慕，因此真正的友谊要求对灵魂德性的培育，而这又有赖于对上帝的敬拜和渴慕。斐奇诺甚至说，决意培育灵魂者亦必培育上帝。（*Letters*，1.51）

因此，真正的朋友会帮助彼此培育灵魂。灵魂的培育建基于德性的培育，德性即智慧，智慧即理解神圣者。神圣的光赐予这种知识，因此培育灵魂就是培育上帝本身。友谊就是两个灵魂（人）在共同培育上帝过程中的至高和谐。因此友谊从不只是两个人的事，而是两个人和上帝三者之间的事。友谊是人类生活的导引，它使我们联合起来成为一体。（*Letters*，1.51）有一次斐奇诺甚至说：真正的友谊不需要语言，两个人有语言或相互通信就意味着总是相互临在的两个人分开了；和上帝的关系亦然——上帝要他放下笔，不要分离自己和上帝。（*Letters*，4.18）那些没有上帝这唯一者参与的友谊就很危险，看起来越友好就越有害。（*Letters*，4.19）

斐奇诺曾明确点明"柏拉图式的爱"和友谊的关系，他说"友谊"来自"柏拉图式的爱"，友谊在柏拉图式的爱中孕育、滋养和成长，这种柏拉图式的友谊比亲戚之间的关系还要可靠。在这种柏拉图式的爱所诞生的友谊之中出现的情况是，不同的身体拥有一个灵魂。（*Letters*，5，appendix letter）

可见斐奇诺眼中灵魂之间的交谊就是在对上帝的追寻和理解中合一，这也是"柏拉图式的爱"产生的"真正友谊"，是其在人间的功效和发用。但很明显，人间的友谊不能囊括"柏拉图式的爱"的至高内容和功用，只有在爱中与上帝合一才是"柏拉图式的爱"的归宿和目的。

四、灵魂在爱里与上帝合一：作为神秘神学的"柏拉图式的爱"

在斐奇诺看来，爱一诞生便开始追寻美。他说当心灵朝向上帝第一次转向时爱便诞生了。上帝注入心中的光芒是爱的饮食，心中性情的增益使爱成长，心灵伸向上帝是爱的催进，理念的成形则是爱的完善。一切形式和理念的结合，我们在拉丁语中称之为mundus（装饰、世界），希腊语中称之为κόσμος。这一"世界"或"装饰"的典雅就是美。

（一）爱与美的循环

爱在诞生之后便迅速使心灵受到美的吸引；它引导心灵从以往的丑陋走向现成的美貌。因此爱的情形就是将事物带往美，把丑陋者融合在美貌者中。（DA，1.3）可见世界的形式和理念结合的一刹那，美便产生了，爱一开始的任务就是引导万物归向美。

斐奇诺在谈到人类的爱与美时说，爱就是一种享受美的渴念。[①] 美是吸引人类灵魂朝向它的某种光芒。身体的美不过是色彩和线条装点中的光芒。灵魂的美只是教义与习俗的和谐中的光芒。身体的美只有眼睛才能享受，因为感受身体之光的，不是耳朵，不是嗅觉，不是味觉，也不是触觉，而是眼睛。如果

[①] 其思想来源参见柏拉图：《会饮》，201a；柏拉图：《斐德若》，237d—238c；普罗提诺：《九章集》，3.5.1。

只有眼睛可以辨认这种光,那么也只有眼睛才能享受它。既然爱不是别的,正是一种享受美的渴念,而这美只有眼睛才能感知,那么爱着身体的人就仅仅满足于视觉。因此相应地,对于触觉的欲望就不是爱的一部分,也不是情人的某种激情,而毋宁是一种淫欲和卑鄙之人的烦恼。而灵魂的光和美只能靠理智来把握。所以,爱着灵魂之美的人,仅仅满足于理智的观察。在情人之间,美与美是相互交换的。就两个男子而言,一个男人用眼睛享受他所爱的青年男子的身体之美,而这个青年则通过理智享受着这个男人的灵魂之美。通过这种关联,仅仅拥有身体美的人,在灵魂上也变得美了;而仅仅拥有灵魂美的人,则让肉眼充满了形体美。所以,这是一种美妙的交换,对于双方来说都是崇高、有益而愉悦的。就德性来说,双方是一样的,因为学习和教导是一样崇高的。就愉悦感来说,年长的男人获得的愉悦更强烈,他在视觉和理智上都感到愉快。但是就益处来说,年轻的男子得益更多,因为正如灵魂高于形体,获取灵魂之美亦高于对形体之美的获取。(DA,2.9)

相较于形体之美,斐奇诺更重视灵魂之美。他说人们终日为外在的资财忙碌,却忘了内在的耕耘。他说屋子里的一切都比灵魂美是最大的羞耻,一个人再穷也比屋里富足、内心空洞的人富有。原因在于人就是灵魂,身体则像一只野兽,过分关心身体就像不断喂养一只野兽一样,它会变得越来越残暴和强有力。(Letters,2.60)很明显,这时的人几乎等于禽兽了。

就人而言,形体的美在于形式,人的美在于灵魂,爱是对美的追求和享受,因此真爱在乎和享受的美也是形式和灵魂的美。人与人之间的爱其实是相互获取、充实对方的形体与灵魂的美,这种人与人之间的真爱容易发生在男性之间,因为男性之间分享的理性更多,更不容易堕入对感官享乐的追求,男性之间共同的精神追求也更多一些。男女之间的爱限于性别之爱,男人之间的爱则是精神的共同成长和培育,这是"柏拉图式的爱"在人际实施的本义。

在斐奇诺那里爱和美在根本上实际是合一的,他认为上帝神圣的美产生了爱,也即在万物中对其(美)自身的渴欲。因为如果上帝吸引世界归向自己,而世界也被吸引了,那么就有一定持续的吸引会再次回来:它开始于上帝,生发出世界,最终回归上帝,就像一种圈环,回到其出发的地方。这同一个环,从上帝到世界再从世界到上帝的环,有三个名字。因其生于上帝而又受到祂的吸引,便被称为美;因其生发出迷恋它的世界,于是被叫作爱;因其回归其创作者并将其作品与祂结合,所以被唤作满足(享乐)。因此,爱开始于美,终止于满足。(*DA*, 2.2)这也就是说,上帝因其自身神圣的美善而生出这个爱的循环,这种循环既表现了上帝的美和祂对世界的爱,也说明了世界为什么爱上帝,为什么渴望回归上帝。这是从最根本的层面看上帝神圣的爱和美。

(二)爱作为向善的欲望

斐奇诺从柏拉图主义者那里继承了一切向善的思想传统,认为万物都来源于善,因此它们天生想要回归源头,万物的一切所作所为都来自善、借助善、为了善。(*PTH*, 2.7.2)这种万物天生的根本性渴欲就是向善的欲望。这种渴欲不同于人的感官欲望，而是一种根本性的存在倾向，是万物中包含的最根本的倾向。(PTH, 2.11.12)这种欲望本身是善的，也来自最初的善，万物都是由于神圣的善的吸引而寻求善的。(PTH, 2.13.2)万物的自然欲望都是指向善的，也就是指向生命和存在的。万物的一切欲望和行动来自善，因此也都指向和归向善。(PTH, 5.4.8)思想也自然而然渴欲生命脱离有朽的形体。(PTH, 8.2.13)人的灵魂当然更不例外。

人的理性灵魂对第一真理和首要的善的渴欲是灵魂不朽的标志之一。理性灵魂构想出普遍的真理和至善的原则来追寻普遍的真和渴欲普遍的善。一切真实的事情都包含在普遍的真理中，一切善也都在普遍的善之中。因此理性灵魂不满于知道一个真理，而是一再地追寻，对善也一样。每一个真理和每一件善事都是上帝本身，祂是最初的真理、首要的善。人们最渴望对祂怎么样呢？成为祂。(PTH, 14.2)

（三）爱与沉思：与上帝合一的两条路径

对人而言，向善的欲望是来自意志的，正如理智通过沉思的原则来关心自己一样，意志会通过行动的原则也即至善本身来关心自己。(PTH, 9.4.14)理智以真理的方式考察自身，意志则以善的方式考察自身。理智要由真理满足，意志要由无限的善来满足，因此理智和意志都只能通过上帝得到满足，因为真理和至善的全部理性原则在上帝之中。(PTH, 10.8.6)也就是说，理智只有通过沉思才能提高自身，意志则通过对至善的渴望提高自身，这种渴欲就是深层次爱的表现。因此人的理智和意志的这些趋向上帝的本性是灵魂回归上帝的根本凭助。理智向上帝回归的最高表现就是沉思,意志归向上帝的唯一道路就是爱,前者是对真理的沉思,后者是对至善的爱,而上帝是最初的真理和首要的善。

斐奇诺认为万物都依照自身的自然能力以上帝为目标,它们都以各自的方式渴望变得像祂一样:缺乏生命的形体通过存在,有生命的事物通过生活,拥有感知的动物通过感知,理性存在通过理智。但是我们只有理解了上帝才可能像祂一样,我们的目标就是通过理智观察上帝,然后通过意志受享上帝,因为我们至高的善是我们的至高权能或属于它的最完善行为的最高对象。我们的至高权能是思想(头脑)和意志。它们最高的对象是普遍的真理和普遍而全然的善,也即上帝。(*PTH*, 14.2.2)

可见斐奇诺将人归向上帝的道路分作两条:通过理智对至善的沉思进入上帝和通过意志对至善的爱进入上帝。前者注重先认识理解后融合,后者重视先以其为目标行动,去爱,去融合。用后世的术语说,前者属于认识论范围,后者属于实践论范围。同时,斐奇诺其实更重视实践论维度的归途。这里我们要重点强调的是人的行动和意志,至善是人类行动和意志的动因和归宿,因此爱作为向善的欲望,也就是向善的意志。在斐奇诺那里,行动高于思考,意志高于理智,因此对至善的本能渴欲比对真理的理性探究更根本更有力,通过意志更容易实现回归上帝的愿望和本性。因此,爱的神秘神学就在于如何实践这种向善的意志和行动,如何实现这种"爱",如何在爱之中和上帝合一。

(四)灵魂和上帝在爱中合一

斐奇诺在《论爱》中描绘了灵魂回归上帝的途径。他创造性地诠释了阿里斯托芬在《会饮》中的神话。他说,灵魂初生时是完整的,有一种想要和上帝齐平的骄傲造成了灵魂的分裂。灵魂初生时有一对孪生的光亮,但随后它使用其中一种而忽略了另一种,陷入了身体的深渊,就像陷进忘川(Letheum)①一般,暂时忘记了自己。这时灵魂被感官和肉欲控制,就像被侍卫和暴君控制了一样。但是随着身体日渐成熟,感官得到净化,再加上学习的作用,灵魂会稍稍苏醒。这时自然的光亮向外照射着,并寻求着自然事物的秩序。通过这种寻求,灵魂感知到自然世界这个庞大的器械有一位建造者。于是它想要看见和享有(cupit et possidere)祂,但只有通过神圣的光耀(divino splendor)②才能感知祂。灵魂的理智受到强烈的刺激,在自身光亮的驱使下想要恢复神圣的光亮。这种驱使和欲望就是真正的爱,在它的引导之下,人的一半渴慕着自身的另一半,因为作为灵魂一半的自然光亮,想要在灵魂之中再次唤起那神圣的光亮,它是之前被忽略了的、作为同一灵魂之另一半的光亮。斐奇诺认为这条灵魂回归的途径早已被柏拉图看到。③

斐奇诺接下来描述了上帝之光进入灵魂后的情形。他说当上帝将自身的光注入灵魂时,祂让这光首先可以引导人类通往

---

① 参见柏拉图:《理想国》,卷十,621。柏拉图那里用的是 Ἀμελής[阿迈乐思河],是希腊人传说中的冥河之一,饮其水便会遗忘过去,拉丁文化中称之为 Lethe。
② 这里是指从外部注入的灵魂之光,与自然之光相对而言。
③ 参见柏拉图:《第二封信》,312e。柏拉图给狄奥尼修斯(Dionysius)的信中说:人类灵魂想要通过观察与它自身相关的那些事物,来理解神圣事物。

福乐,这福乐就在于受享上帝。这时的人被四种德性引领着:明智(prudentia)、勇气(fortitudine)、正义(iustitia)和节制(temperantia)。明智首先向我们展示了福乐,其余三种德性就像三条大道,引领我们通往福乐。为了达到这一目的,上帝在不同的灵魂中以不同的方式调试祂的光芒,以使有些灵魂在明智的引领之下,通过勇气的作用再次寻找到它的创造者,有些则通过正义的作用,而另外一些则通过节制的作用。比如,有些人为了崇拜上帝或荣耀或为了祖国,而勇敢地承受危险和死难;有些人正义地安排生活,他们既不伤害别人,也尽可能地不允许别人去伤害;还有一些人则通过守夜祷告、禁食和劳作来控制欲望。这三条大道都可以达到明智指给人们的同一福乐境界。上帝自身的明智之中也包含这三种德性。人类灵魂急切地渴慕它们,希求通过运用而获得它们,然后紧紧地靠向它们并永远享有它们。

斐奇诺还生动地描摹了爱将人(也即灵魂)引入天堂的情景,他说正是爱在分配福乐的等级,赐予永久的欢愉。爱是仁慈的,祂首先引领灵魂来到天堂的桌旁,上面盛满美味佳肴和玉液琼浆;然后指派给每个灵魂一个座位;最后祂使他们永远甜蜜地留在那里。除了那些使天堂之王(celorum regi)感到喜悦的人,再没有谁能回到天堂。他们使祂喜悦,他们非常爱祂。而且斐奇诺进一步说,知识不能企及上帝不是因为知识不可靠,而是现世的知识远远不够。他说,想在这世上真正认识(cognoscere)祂是完全不可能的。无论你是如何理解祂的,真正地去爱祂却不仅可能而且简单。那些认识上帝的人并不使祂喜悦,除非当他们认识祂时也爱着祂。那些认识上帝也爱上帝的人，上帝也爱他们，这不是因为他们认识祂，而是因为他们爱祂。正如人们并不会用爱拥抱那些认识他们的人，而只会拥抱那些爱他们的人。许多相互认识的人却互为敌人。因此斐奇诺说：

让我们重回天堂的不是对上帝的认知，而是爱（quod ergo nos celo restituit non dei cognitio est, sed amor）。

斐奇诺总结说爱有三种益处（beneficia）值得赞赏：

其一，使原先被分裂的我们重获整全，借此祂引领我们回归天堂；
其二，祂指派给每个灵魂一个属于它的座位，并且使所有人都对这一分配心满意足；
其三，祂通过自身的某种爱根除所有嫌恶，祂源源不断地在灵魂中重又燃起光亮，使它获赐可爱而甘美的果实。（*DA*, 4.5-6）

以上这些都说明了"受享上帝"是斐奇诺提出的人（灵魂）与上帝合一的核心观念。这种受享不是占有式的"拥有"，而是完全的融合和分享。由于人的理智具有局限性，要通过认知和理解是无法企及上帝的，因此斐奇诺转向了一种意志哲学和神学，将至高的向善意志称为爱，将这种至高的爱认作回归天堂的唯一坦途。斐奇诺在《论爱》最后感慨高呼：

让我们崇拜爱，祂对我们如此慈悲，在爱的引领下我们可以保存上帝的整全，可以说，保全慈悲，并用燃烧的爱去爱整全，我们也就可以用不朽的爱受享整全的上帝！（DA，7.17）

五、余论

"柏拉图式的爱"千百年来不乏承继和发扬，而且不限于哲学，对文学作品也有诸多深刻影响，并且扎扎实实地影响着现实中很多人的生命、生活。人们追逐爱情、进入婚姻时无不有对"爱"的体验和想法，而对友谊所彰显出的"柏拉图式的爱"，以及对生命的探索所展示出的"柏拉图式的爱"，都是弥足珍贵的人类经验。在现代，舍勒（Max Scheler）、蒂利希（Paul Tillich）、沃拉斯托斯（Gregory Vlastos）等都在各自的语境中对"爱"的论题有过创造性的阐发，对"柏拉图式的爱"也有一定的理解和看法，我们不再一一点评，最后是译者的一些翻译随想。

斐奇诺此书写就整整540年后，我们开始动笔将其初次翻译成中文。我们合作的译文现在已经呈现在后面。毫无疑问，我们是认真的，无论是对待译文还是对"爱"，我们都在用各自的生命探索通往真爱的道路。这次通过合作一部书，我们共同了解到斐奇诺所理解的"柏拉图式的爱"，我们的精神友谊也随之加深了。我们是同学、朋友，才有这样的合作机会，然而，世上的人又有谁不是共同学习去爱、去生活的"同学"呢？在这个意义上，我们和柏拉图、斐奇诺以及所有读者都走在同一片探索真爱的原野上。路是我们一起走出来，且要走下去的。

环顾四维，人们对爱常存有太多瑰丽的想象，然而在践行爱时，又往往因路途的艰辛和平淡而落寞失望。懂得何为爱，才能更好地实践爱。斐奇诺所传授的"柏拉图式的爱"，让我们得以摒除对爱的诸种误解。我们以为爱是激情，轰轰烈烈，生死相许，总不免把爱期待为恒久的悸动，在激情消退时又不知所措、难以为继。斐奇诺却说，爱是对美的渴慕，而美是和谐，因此在爱里我们需要节制、适度和高雅。强烈而狂野的冲动只会使理智混乱，而情欲的放纵更是爱要避免的，因为它让我们陷入疯狂，让我们与美背道而驰。我们要懂得用理智静享灵魂的美，以美的方式沉湎于爱中。我们以为爱是换取，各求所需，我给予所以我索要，时时不忘紧盯得失的天平。斐奇诺却说，爱着的人，是一个在自己身体中死去而在另一个身体中复活的灵魂。在爱里，只有离自己愈远，才能离爱人愈近。

爱确是一件苦事，因为爱意味着忘却自我、舍弃自我，将灵魂交付于所爱之人；但死去的自我得以在对方之中重生，我们交出了自己，却拥有了彼此，这爱又多么令人欢欣。我们以为爱需要浪漫——烛光、海滩、星空……斐奇诺却告诉我们：爱无关形式，爱居于灵魂之中；爱也不寄于物质，是对美的渴求在我们心中点燃爱，而美是非物质的。我们想方设法得到爱，但爱不是技艺，是本能；爱不工巧，自然而然。斐奇诺说，爱人将被爱之人的形象刻于灵魂中，当被爱之人在爱人的镜中照见自己的形象时，就会不由己地进入爱。

是爱让万物从低级到高级连成生生不息的环圈。斐奇诺向我们昭示，人只能通过爱的践行才能体认最高的存在，在这一意义上，爱是一种灵修。我们走向爱，不因它绚丽，也不因它实惠，只因它是最深刻的修行，唯此，人的华光才得显现。

"我们"从来都不在爱之外，也不在爱之中，我们和爱没有分别。当一个男人想占有一个女人或所爱之人的时候，正如纪德所言，他其实只是"爱"她(他)，我们往往在表达和实现自己强烈的"爱"时迷失了方向，陷入歧途，以为占有了就实现了爱；就像"哲人-爱智者"（philosophus）最终成了"学者-爱语言者"（philologus），于是对真理的追随和探索，堕为对知识的持守和转述。在不断的试错中，我们纠结彷徨，以为"爱"是一个人的事，或两个人的事，却忘记了它一直是我们共同存活的根由与源泉。

梁中和　李旸

己丑年孟冬　初稿

庚寅年季冬　定稿

癸卯年孟冬　再订

文本版本和译本

重要手稿和抄本：

（1）梵蒂冈手稿 lat.7705，有斐奇诺亲笔签名和旁注；

（2）牛津手稿 Canonicianus latinus 156，有斐奇诺亲笔签名和细微订正。

正式出版文本：

（1）《柏拉图全集》（*Opera Platonis*），佛罗伦萨，1484 年，以及后来至少 26 次再版；

（2）《斐奇诺全集》（*Opera Ficini*），巴塞尔，1576 年，1959 和 1962 年重印。

单行本：

（1）意大利文本，佛罗伦萨，1544 年；

（2）意大利文本，朱塞佩·雷尼（Giuseppe Reni）编，兰恰诺，1914 年；

（3）拉丁文本，西尔斯·杰恩（Sears Jayne）编，哥伦比亚，1944 年；

（4）意大利文本，詹姆斯·沃兹沃思（James Wadsworth）编，哈佛大学论文，1950 年；

（5）拉丁文本，雷蒙·马塞尔（Raymond Marcel）编，巴黎，1956 年；

(6) 意大利文本，G. 奥塔维亚诺（G. Ottaviano）重印雷尼本，米兰，1973 年。

各语种全译本：

(1) 意大利文，赫尔科莱·巴尔巴拉萨（Hercole Barbarasa），罗马，1544 年；

(2) 法文，让·德·拉·海耶（Jean de La Haye），普瓦捷，1545、1546 年；

(3) 法文，居伊·博德利（Guy Le Levre de la Boderie），巴黎，1578、1588 年；

(4) 德文，卡尔·P. 哈塞（Karl P. Hasse），莱比锡，1914 年；

(5) 罗马尼亚文，索林·约内斯库（Sorin Ionescu），布达佩斯，1942 年；

(6) 英文，西尔斯·杰恩，哥伦比亚，1944 年；

(7) 法文，雷蒙·马塞尔，巴黎，1956 年；

(8) 西班牙文，阿道福·鲁伊斯·迪亚斯（Adolfo Ruíz Díaz），门多萨，1968 年；

(9) 英文，西尔斯·杰恩（全新译注本），达拉斯，1985 年；

(10) 意大利文，桑德拉·尼科利（Sandra Niccoli）编，佛罗伦萨，1987 年；

(11) 法文，皮埃尔·洛朗斯（Pierre Laurens）编辑、翻译、注释（法拉对照），巴黎，2002 年；

(12) 德文，卡尔·P. 哈塞译，保罗·理查德·布卢姆（Paul Richard Blum）编订（德拉对照），汉堡，2004 年。

中译本参考文本说明

参考原文：

拉丁文原文参考了下列"法-拉"和"德-拉"对照译注本中的拉丁文校本。

参考译本：

(1) 意大利文斐奇诺自译本：Marsilio Ficino, *El libro dell'amore*, a cura di Sandra Niccoli, ed. Olschki, Firenze, 1987。

(2) 英文译注本：Marsilio Ficino, *Commentary on Plato's Symposium: On Love*, an English translation by Sears Jayne, Dallas, 1985, 注文中简写为"[英本]"。

(3) 法文-拉丁文对照译注本：Marsile Ficin, *Commentaire sur Le Banquet De Platon, De L'amour*, Texte établi, traduit, présenté et annoté, par Pierre Laurens, Paris, 2002, 注释中简写为"[法本]"。

(4) 德文-拉丁文对照译注本：Marsilio Ficino, *Über die Liebe oder Platons Gastmahl*, Übersetzt von Karl Paul Hasse, Herausgegeben und eingeleitet von Paul Richard Blum, Hamburg, 2004, 注释中简写为"[德本]"。

译文说明：

本书名为《论爱：柏拉图〈会饮〉评注》，注释中用《论爱》指代本书。注释部分有选择性地采纳了一些各语种译本的相关注释信息，如无特殊说明，均为中译者注；译文的分段是根据各拉丁文校本和英、法、德、意译本的分段，结合文意及中文行文习惯择善从之，因此与各译本均有所不同。献词和两个序言是根据各译本综合而成的，与各译本亦不相同。为方便检索原文，引用拉丁文时均用文中原有语法形式（专名除外）。此外需要说明的是，第一、第二和第七篇谈话正文初稿由梁中和译出，第三到第六篇谈话正文初稿由李旸译出，然后双方互校译文，最后全部译文正文由梁中和依据拉丁文统一校订，全书注释及序言等由梁中和译出。本书是斐奇诺著作的首部汉语译本，加上译者才疏学浅，凡有疏漏错讹，特别欢迎读者、方家不吝指正（E-mail: liangzhonghe@foxmail.com）。

目　录

献词 ……………………………………………………… 1
序一　巴托利序 ………………………………………… 2
序二　代序 ……………………………………………… 5

第一篇谈话

第一章　开场白 ………………………………………… 11
第二章　爱应获得赞扬的标准，何为其尊贵和伟大 …… 13
第三章　爱的渊源 ……………………………………… 15
第四章　论爱的效用 …………………………………… 19

第二篇谈话

第一章　上帝是至善、美和正义；是开端、中间和结束
　　　　 ………………………………………………… 25
第二章　神圣的美如何产生爱 ………………………… 26
第三章　美是神圣的善的光辉，上帝是四圈环的中心
　　　　 ………………………………………………… 28
第四章　对柏拉图关于神圣事物的话的解释 ………… 32
第五章　神圣的美在万物中闪耀并且为万物所爱 …… 35
第六章　论情人的激情 ………………………………… 36

第七章　论爱的两种源头及两位维纳斯（美神）………… 38

第八章　爱的劝勉，论单一的爱及互相的爱 …………… 41

第九章　情人们寻求什么 ………………………………… 47

第三篇谈话

第一章　爱在万有之中，为着万有 ……………………… 51

第二章　爱是万有的创造者和护持者 …………………… 53

第三章　爱是全部艺术的主宰和统领 …………………… 56

第四章　世界的各部分不会相互憎恶 …………………… 60

第四篇谈话

第一章　描述柏拉图关于人类古老本性的文本 ………… 65

第二章　解释柏拉图关于人类古老形象的观点 ………… 68

第三章　人就是灵魂本身，而灵魂是不朽的 …………… 71

第四章　灵魂被造之时被赋予两种光亮及灵魂为何要

　　　　降于形体之中 …………………………………… 74

第五章　灵魂回归上帝的几种途径 ……………………… 76

第六章　爱引领灵魂回归天堂；祂分配福的等级；祂

　　　　赐予永久的欢乐 ………………………………… 80

第五篇谈话

第一章　爱是最蒙福的，因为祂既美且善 ……………… 85

第二章　爱是如何被描绘的，爱又是通过灵魂的哪些

　　　　部分得以被认知和被产生的 …………………… 87

第三章　美是非物质性的 ………………………… 91

第四章　美是神圣面容的光芒 …………………… 95

第五章　爱和恨是如何诞生的，美是非物质的 ………… 98

第六章　事物要成为美的需要哪些条件；以及美是一种精神性的馈赠 ………………………… 101

第七章　爱的画像 ………………………………… 104

第八章　爱的德性 ………………………………… 106

第九章　爱的馈赠 ………………………………… 109

第十章　爱既比其余诸神年长，也比他们年轻 …… 110

第十一章　爱先于必然性统治 …………………… 111

第十二章　在必然性的统治下，萨图恩如何使乌拉诺斯丧失力量，而朱庇特又如何限制着萨图恩 ………………………………… 114

第十三章　各种艺术分别由哪位神赐予人类 …… 116

第六篇谈话

第一章　导论：关于爱的辩论 …………………… 121

第二章　爱居于美丑之间、神人之间 …………… 123

第三章　论界域灵魂和灵明 ……………………… 125

第四章　上帝通过精神媒介赐予人类的七种天赋 …… 128

第五章　金星灵明的秩序以及它们如何发射爱之箭 … 130

第六章　我们如何被爱捕获 ……………………… 131

第七章　爱的诞生 ………………………………… 134

第八章　在所有的灵魂中都有两种爱，但在我们的灵

　　　　魂中有五种 …………………………………… 138

第九章　哪些热情由于爱之母而出现在爱人之中 …… 141

第十章　爱人们由于爱之父而得到哪些天赋 ………… 148

第十一章　从其定义来看，什么是爱的益处 ………… 155

第十二章　论两种爱，以及灵魂生而被赋予真理 …… 158

第十三章　真理的光如何在灵魂之中 ………………… 161

第十四章　对男性的爱从何处来，对女性的又从何处来 …………………………………………… 163

第十五章　身体之上是灵魂，灵魂之上是天使，天使之上是上帝 …………………………… 165

第十六章　上帝、天使、灵魂和形体之间的关系 …… 169

第十七章　上帝、天使、灵魂和形体的美之间的关系 ……………………………………………… 170

第十八章　灵魂如何从身体之美上升至上帝之美 …… 173

第十九章　上帝如何被爱 ……………………………… 178

第七篇谈话

第一章　以上的结论和哲人圭多·卡瓦坎提的观点 … 183

第二章　苏格拉底是真正的情人，一如丘比特 ……… 186

第三章　论兽性的爱，那是一种疯狂 ………………… 190

第四章　世俗之爱是蛊惑 ……………………………… 192

第五章　我们是多么容易坠入情网 …………………… 196

第六章　世俗之爱的奇异后果 ………………………… 199

第七章　世俗之爱是一种血液的紊乱 ………………… 201

第八章	情人如何变得像爱人	202
第九章	我们会为谁陷入网罗	203
第十章	情人们如何被蛊惑	205
第十一章	逃脱[世俗之]爱的途径	206
第十二章	世俗之爱的害处	208
第十三章	神圣之爱的益处及其四种类别	209
第十四章	神圣的癫狂通过什么等级拔升灵魂	211
第十五章	在这些癫狂中爱是最卓越者	214
第十六章	真爱何其有益	215
第十七章	该如何感谢圣灵，祂照亮和激发了我们这次讨论	218

献词[1]

斐奇诺致独一无二的朋友(amico unico)乔万尼·卡瓦坎提(Iohanni Cavalcanti)[2]：

向您致意(εὖ πράττειν)！

哦，我亲爱的乔万尼，据俄尔甫斯说有"爱"存在(esse amorem)，祂掌握着整个宇宙的钥匙，柏拉图曾讲授过祂是什么和怎么样的。这神有大能，但祂却对我隐匿了三十四年。直到一位神圣的英雄，用来自天界的眸瞥见我，他神采威奕地颔首，对我展示了这爱的伟力。就这样祂向我充分表明了何谓爱情(amatorias)，故而我创作了一部书，名曰"论爱"。这部我亲手撰写的书是特别题献给您而不是别人的，我只是把本属于您的归还于您。祝好！

---

[1] 斐奇诺《论爱》抄本的前言，斐奇诺对卡瓦坎提有苏格拉底式的(或柏拉图式的)精神之爱，因此本书是献给他的，据斐奇诺自己说他之所以写这部著作也是由于卡瓦坎提的建议。

[2] 参本书第12页注②。

序一
巴托利序①

向最卓绝尊贵的阁下
佛罗伦萨公爵，美第奇先生②
致以最崇高的敬意！

卓绝的爵爷，我们的斐奇诺的善良和仁慈是如此之大之好。他曾是一名值得尊敬的弟子，当然是伟大的科西莫·美第奇③的门生，正是为了纪念他，您才也叫了这个名字。斐奇诺已经将柏拉图介绍给拉丁读者，加上了注释，还撰写了很多博学的文章作为解释，但他并不满足，还意欲帮助那些只能阅读意大利

---

① 斐奇诺自己翻译的《论爱》意大利文译本首版（1544年）序言，也即题献给当时的佛罗伦萨统治者的献词。巴托利（Cosimo Bartoli, 1503—1572）本人是数学家、语言学家和人文主义者。他还是著名建筑家、作家瓦萨里（Giorgio Vasari）的好友，帮助其出版流传后世的名著《名人传》。他还当过乔万尼·德·美第奇（Giovanni de' Medici）枢机主教的秘书和科西莫一世（Cosimo I de' Medici, 1519—1574）的外交官。他自己撰写了《学术论证》（*Ragionamenti accademici*, Venice, 1567），主要是对但丁的批评。

② 这里是指著名的老科西莫的后人，与他同名，历史上称为科西莫一世，从1537年到1574年是佛罗伦萨公爵，从1569年到去世被任命为"托斯卡纳大公"，是第一任大公。出版此书时科西莫一世还只是公爵。

③ ［德本］这里是指老科西莫（1389—1464），佛罗伦萨的国父，他提议和资助了斐奇诺从古希腊文翻译柏拉图的著作。

语作品的人，此前他就想满足您那英伟的先人洛伦佐①这一高尚而有益的建议，于是他屈尊将自己用拉丁文写就的《柏拉图〈会饮〉评注》翻译成了我们的方言，并将这译本题献给他亲密的友人伯纳德·尼禄和安东尼奥·马奈提，正如其题献书信②中表明的。

尽管斐奇诺的意愿真的很宽宏而神圣，但是实际情况还未达到他确立的目标，因为他的珍宝被隐匿起来了，就像以往那样，直到我们的时代还很少被人真正赏识。正是出于这个原因，也是因为马奇里奥仁慈的意愿，因为人们只要抱着他撰写和翻译《柏拉图〈会饮〉评注》时的信念和信心去阅读和理解它便能获得益利，还有我有机会得到一份原稿的拷贝抄本，我希望和所有懂得我们语言的人们分享它，但是在阁下您的尊名之下，我一定不能仅仅给您奉上这个，因为它从继承权上讲是属于他（斐奇诺）的，我还要献上我现在以及将来能成就的一切。

因此请阁下您慷慨地收下它吧，要知道它是被尽可能精心地印制出来的。别担心在注释之前找不到柏拉图的原文，我宁愿追随马奇里奥的先例，去冒别人责备太懒而没翻译原文的险，也不给那些学识浅薄、常常只注重事物表面的人点燃他们思想的机会，鉴于柏拉图的隐喻和深奥的表达方式，那些情感在原文中可能讨论得更彻底，但它并不适合普通群众的语言，比如意大利语。这也正是马奇里奥为拉丁读者翻译、注释柏拉图原

---

① ［德本］洛伦佐·德·美第奇（Lorenzo de' Medici, 1449—1492），是老科西莫的孙子，曾写过模仿《会饮》的滑稽诗。
② 见本书"序二 代序 书信二"。

文，但不想将其翻译成意大利文而只是译出自己的评注的缘由，因为原文确实是基督教的事情，不容被玷污。

因此，请阁下您阅读它吧，正如以往您已经仁慈地做过的那样，继续鼓励这种语言的学生们，用古代精美的艺术和有益的知识去荣耀它、丰富它，并记得我是阁下您最值得信赖的仆从。

最忠实的
科西莫·巴托利

序二
代序[①]

书信一

斐奇诺致主教卡穆帕诺(Campano)：

向您致意！

我的仆人盖哈德(Gerard)将连同此信呈递给您的，是我在仓促之中对柏拉图一篇论爱的对话所做的注疏。其中除了一些"我说""他说"和些微不足道的关涉对话内容的问题之外，大多是柏拉图本人的话。我盼望您能将我们这点微薄献礼呈给锡耶纳(Siena)的枢机主教，由盖哈德送去，您可以对它修饰几句，加些您自己的荐语。如果上帝应允，我再择机奉上更佳的献礼。

正因为它是关于爱的，所以我想我该把他献给弗朗切斯科·皮科洛米尼(Francesco Piccolomini)，他是最会爱和被爱的人。我听说卡穆帕诺主教也践行苏格拉底式的爱，敬奉柏拉图式的缪斯。不光有其他人赞诵您和您的主教的很多神圣事迹，而且巴乔·乌戈里尼(Baccio Ugolini)也经常在学园里唱诵您的

---

① 斐奇诺关于《论爱》的书信选。第一封信表明斐奇诺还将《论爱》的拉丁文本题献给锡耶纳的枢机主教；第二封信表明他自己翻译的意大利文译本还题献给了另外两位当时的要人。

赞歌，因此我们现在全都把您称作学园的支柱。祝好！

书信二

斐奇诺致伯纳德·尼禄(Bernard del Nero)和安东尼奥·马奈提(Antonio Manetti)：

有一个普遍规则，就是一个人越是经常做一件事情，经过长时间的锻炼就做得越好，越是习惯于做那事就做得越棒。但是在爱里这条规则并不见效，因为我们的愚蠢尤其是我们的不幸。我们总是以同样的方式去爱，但是我们大多都爱错了，因此我们越是去爱，情况就越糟。即便有千百万分之一的人爱对了，由于他并非常例，所以也没有人跟随他。我们酿成了于我们而言如此不幸的大错，是因为鲁莽地开启了这艰难的爱旅，出发前我们不知道其目的地，也不知道在这旅路上该如何跋涉。故而我们走得越远就越彷徨，越走近我们最不该靠近的祸渊；在幽暗的爱之森林中迷失道路比在任何旅程中迷路都严重，因为其他道路我们同行的人多而且走的次数也多。

为了引导我们重返迷失已久的光明大道，神圣恩典的至上之爱启发了古希腊一位贞洁的女性，名唤女祭司第俄提玛，她在神圣的启示下找到了尤其把自己献身于爱的哲人苏格拉底，她对他解释了这种热烈的激情是什么，以及我们如何借助它堕入至恶和升入至善。苏格拉底为我们的柏拉图揭示了这些神圣的秘义，而柏拉图这位最虔诚的哲学家为了拯救希腊族人立刻就此撰写了一部书。为了拯救拉丁族人，在崇高的洛伦佐·美第奇的鼓励下，我将柏拉图的书从希腊文翻译成了拉丁文，对书中难懂的观念做了注解；为了上天赐予第俄提玛的吗哪（Manna）①更易于使众生受益，我又将柏拉图的秘义和我自己的注解从拉丁文翻译成托斯卡纳语。②

这部书我特地献给你们，尼禄和马奈提，我亲爱的朋友，因为我确信你们的马奇里奥·斐奇诺奉上的爱，你们会用爱来接受，而你们可以为所有可能粗心略意或带着恶意阅读这部书的人讲解那种爱，这事再无旁人能做，因为爱的精义（diligenzia）是无法被粗略（negligenzia）理解的，爱本身也不可能由憎恨攫取。

愿圣灵，那启发第俄提玛的神圣之爱，启迪我们的理智，燃起我们的意志，让我们在其一切美妙的杰作中爱祂，又在祂之中爱其一切杰作，最终不尽地受享祂无限的美！

---

① 《圣经》记述中，古以色列人在荒野中所得的天赐食物。
② 即当时标准的意大利语。

第一篇谈话

第一章
开场白[1]

柏拉图,这位哲学家之父,死于11月7日,享年81岁,那天也是他的生日,当时酒宴撤下了,他斜倚在榻上。后来对柏拉图生日和逝世纪念日的庆典一直延续着,所有哲学家(直到普罗提诺和波斐利)每年都要庆祝。但是自波斐利之后,一千两百年来这一庄严的宴会被取消了。最近,在我们的时代,卓越的洛伦佐,想要重启柏拉图宴会,授意宴会大师班蒂尼筹措。由于班蒂尼要安排11月7日的盛宴,因此他在卡雷吉奥乡间以王室礼仪接待了九位柏拉图主义者:菲耶索莱[2]的主教阿格里、医师斐奇诺[3]、诗人克里斯托弗勒·兰蒂诺[4]、修辞学者贝尔纳多·努兹[5]、托

---

① 拉丁文本的"第一章",英法译本均遵照拉丁文本标为"第一章",意大利文译本改为"开场白"。由于"开场白"这个标题契合其内容,因此本译文在标题"第一章"后加上"开场白",以后则遵循拉丁文标题顺序。

② 菲耶索莱(Fiesole),位于意大利中部的一小镇,在一个能俯瞰阿姆河和佛罗伦萨城的小山上建有别墅和花园。

③ [德本]医师斐奇诺(Dietifeci[被称为"斐奇诺"]d'Agnolo di Giusto, 1401/04—1478),科西莫·美第奇的医生,即作者的父亲。

④ [德本]克里斯托弗勒·兰蒂诺(Cristoforo Landino, 1424—1498),1452年在佛罗伦萨和比萨教授修辞和诗学,1467年在佛罗伦萨担任公共职务,曾注释过维吉尔的《埃涅阿斯纪》和但丁的《神曲》。

⑤ [德本]贝尔纳多·努兹(Bernardo Nuzzi,生卒年不详),在佛罗伦萨教授修辞学和诗学,也担任政府职务。

马索·本奇①、乔万尼·卡瓦坎提②（我们的朋友，客人们叫他英雄，因为他有英俊的外貌和灵魂的德性），还有诗人玛苏皮尼的两个儿子，玛苏皮尼兄弟——克里斯托弗勒和卡洛③。最后班蒂尼想让我成为第九个，因此，在已经提到的名单上再加上斐奇诺，就凑够了缪斯女神的数目。

筵席撤下后，努兹拿出了一部柏拉图的对话《会饮：论爱》，朗诵了其中所有演讲。读完后他提议其他宾客各选一篇演讲来释义。大家全都赞成。抽签结束后，第一篇斐德若的演讲由卡瓦坎提来解释；泡赛尼阿斯（Pausanias）的演讲由神学家安东尼奥解释；医师厄里刻希马库斯（Eryximachus）的交给医师斐奇诺；阿里斯托芬的交给诗人克里斯托弗勒；青年阿伽通的交给卡洛·玛苏皮尼；交给本奇的是苏格拉底的议论；阿尔喀比亚德的演讲交给克里斯托弗勒·玛苏皮尼；这样抽到的签就都分配停当了。但是主教和医师突然发现必须得走了，一个是为了去观照灵魂，一个是去料理身体。他们把自己那部分转交给了卡瓦坎提。于是剩下的人都转向他，安静下来准备倾听。英雄训示如下。

---

① ［德本］托马索·本奇（Tommaso Benci, 1425—1470），意大利语诗人和翻译者，继斐奇诺将至尊赫尔墨斯的"人类的牧者"（Pimander）一章译成拉丁文后，他曾将其译为意大利文。

② ［德本］乔万尼·卡瓦坎提（1444—1509），斐奇诺的挚友，曾被推荐翻译拉丁文《圣经》。

③ ［德本］克里斯托弗勒·玛苏皮尼（Cristoforo Marsuppini）和卡洛·玛苏皮尼（Carlo Marsuppini），佛罗伦萨修辞学教授和大臣卡洛·玛苏皮尼的两个儿子。

第二章
爱应获得赞扬的标准，
何为其尊贵和伟大

尊贵的宾客们，今天一支最令人愉悦的签落在我手里，因为它让我来讲米里努斯(Myrrhinus)人斐德若的演讲。关于斐德若，我想说的是，他的朋友底比斯的吕西亚斯(Lysias)，那位伟大的演说家，对他评价颇高，他曾想用一篇苦心孤诣的演讲作品胜过斐德若；那天在伊利苏斯(Ilyssus)河岸斐德若的出现也让苏格拉底赞许不已。尽管苏格拉底自称对一切都无知，不光天上的一切，地上的也不知道，但当时他被斐德若的美貌激发起来，情不自禁地颂起了神圣的密语；柏拉图对斐德若的才干印象深刻，他将自己的第一部研究成果题献给了他，献给他警句、哀歌和第一部论美的作品，题名为《斐德若》。因此由于我和这位斐德若相像（当然不是我自己宣称，我没有那样说过自己），当然首先是因为那签落在我这里，还有就是你们的赞成，加上这些有利的赞助，我会很高兴地先行评注他的讲话，然后再尽力代安东尼奥和斐奇诺讲他们那两部分。

各位，任何追随柏拉图的哲学家在处理任何论题时都检验三个方面：何者在其前，何者与其相伴，何者在其后。如果它们是好的，他会赞扬那事物本身，如果是坏的，他会批评它。因此最好的赞扬就是追溯一事物过去的渊源，讲明现在的状况，展示未来的效果。一个事物基于其过往被赞为高贵的，基于其现在的本性被誉为伟大的，基于其影响效果被称为有用的。基于这三方面就有三种品质包含在颂扬当中：高贵、伟大和效用（utilitas）。

因此，我们的斐德若已经首先考虑了现在的爱的卓越，称祂为伟大的神，还说祂值得诸神和人类赞扬。这并非不公正的（nec iniuria）。因为我们会恰当地赞扬那些伟大的事物。祂对于其所统治的人类和诸神而言当然是伟大的，就像人们说的，他们都是从属性的（subiiciuntur）。因为依古人看，诸神和人都会陷入爱河。俄尔甫斯和赫西俄德说有朽之人和不朽者的心都被爱征服了就是这个意思。爱被称为值得赞扬的，还因为每个人都热爱那些拥有祂所赞许的美的事物。诸神当然或许就[如我们的神学家说的][1]像天使那样赞扬和热爱神圣的美，而人则赞扬和热爱身体的美。这当然是基于现在伴随着爱的卓越而对祂的赞扬。接着斐德若基于过往来赞扬祂，他说祂是诸神中最古老的神。此刻，当讲述了其古代渊源时，爱的高贵就展示了出来。随后第三步，他将基于效用来赞扬祂，祂的妙用可以从其效果上看得很明显。然而我们将首先谈论祂的过往和高贵的渊源，然后谈及未来的效用。

---

[1] [ ]内据意大利文译本补，下同。

第三章
爱的渊源

在《阿尔戈英雄记》(*Argonautica*)里，当柯容(Chirone)和英雄们出现时，俄尔甫斯按照至尊赫尔墨斯的神学唱起了颂扬万物开端的歌。他将混沌置于世界之先，将爱放在混沌之中，置于萨图恩(Saturn)、朱庇特(Jove)和其他诸神之前；他这样赞扬爱："爱最古老，它自身完满、足智多谋。"赫西俄德在其《神谱》中，毕达哥拉斯学派的巴门尼德在其《论自然》中，以及诗人阿库希劳斯(Acusilaus)都同意俄尔甫斯和赫尔墨斯的观点。柏拉图在《蒂迈欧》中以类似的方式描述了混沌，并将爱置于其中。而在《会饮》中斐德若也这么讲。

柏拉图主义者将混沌界定为未成形的世界，而世界是赋形了的混沌。据他们说有三个世界，相应地有三种混沌。万物之首是上帝，祂是万物的作者，我们称之为至善(bonum)本身。祂首先创造了天使思想，然后是柏拉图说的世界灵魂，最后是世界形体。至高的上帝我们不称其为世界，因为世界意味着是装饰起来的，由很多事物组成，相反上帝必须是完全的单一。但是我们可以断言祂是一切世界的开端和终结。上帝创造的首个世界是天使思想。第二个是宇宙形体的灵魂。第三个就是我们看得到的那些构造(machina)。

这三个世界也考虑到了三个混沌。开始时上帝创造了心灵的本体,我们也称之为其本质。这一本质在其创造之初是无形而晦暗的(obscura)。但是它生自上帝,所以会由于一种先天的性情(principium ingenito)而转向上帝——它的原初。转向上帝后,它会被其光芒照亮。由于其光芒的瑞彩,它那性情也得到加强。整个加强了的性情会伸向上帝。当它伸出时便接受了形式。因为上帝是全能的,祂在伸向祂的心灵上留下烙印,在即将被创造的万物本性中留下印记。因此在天使思想中以某种精神性的方式被描绘的,也即我们在其形体中观察到的万物。这里就产生了诸天界域、元素界域、星辰、虚气的本性(vaporum nature)以及石头、金属、植物和动物的形式。

我们毫不怀疑,通过上帝一定的促进,在天界思想中构形的万物的这些形式就是理念。诸天的形式或理念我们常称之为乌拉诺斯神(Uranus)。第一行星我们称之为萨图恩,第二行星朱庇特,其他的以此类推。火的理念我称之为伍尔坎(Vulcan)神,气为朱诺(Juno),水为尼普顿(Neptune),土为普路托(Pluto)。因此所有被指派给低等世界某一部分的诸神都是在天界心灵的那些部分的理念。

但是在构形的上帝完美地构思理念之前心灵便伸向了上帝。在此之前那性情就已增益;光芒已经灌注;性情的首次转向已经发生;未成形的思想的本质已经出现。而且我们依然称未成形的本质为混沌。其朝向上帝的第一次转向我们称之为爱的诞生。灌注的光芒是爱的饮食。继而性情的增益我们称之为爱的成长。伸向上帝叫作爱的催进。理念的成形称为爱的完善。一

第三章 爱的渊源

切形式和理念的结合我们在拉丁语中称为 mundum，在希腊语中称为κόσμον，即一种装饰。这一世界或装饰的典雅就是美。爱在诞生之后便迅速使思想受其（美）吸引；它引导思想从以往的丑陋走向现成的美貌。因此爱的情形就是将事物带往美，把丑陋者融合在美貌者中。

那么，由于思想的性情先于其接受形式，而爱在诸神和世界于其中产生的已经赋形的思想中，谁会怀疑爱直接跟随着混沌，而先于世界和所有作为世界之各个部分的诸神呢？因此俄尔甫斯正确地将爱称为最古老的神。其自身也是最完满的，也即人说的自我完满。因为思想原初的性情似乎在从上帝那里汲取自身的完善时自然而然地发挥着作用，而且在将其（自身的完善）供给思想时也是如此，思想由它形成，将其供给诸神时也是如此，诸神从其中诞生。

俄尔甫斯也称爱为最好的参谋。这很公正。因为参谋所属的一切智慧被赋予了思想，因为它借由爱和上帝荣耀的光辉转向了上帝。思想同样也转向了上帝，就像眼睛瞩目太阳一般；然后它见到了阳光；再次，在阳光里它察觉到色彩和事物的形象。因此眼睛在最初的黑暗如混沌、无形中转而瞩目光时会爱上它；在这样的瞩目中，它被照亮了；在接受光芒时，它悉知了事物的色彩和形状。

但是思想以同样的方式，在刚诞生和未赋形时，被爱转向了上帝并且被赋了形，因此世界灵魂自身也转向了思想和上帝，它从其中诞生了。虽然最初是无形的混沌，但当它被爱指引着转向思想，从其中获得形式时便成了世界。也是经由同样的方式,世界的质料最初也在混沌中,没有形式的装饰直接由于其自身中先天的爱,自己指向了灵魂并使自己顺从灵魂。通过这种爱的调和,它从灵魂那里接受了在此世界中看得到的一切形式的装饰,于是从混沌变成了世界。

因此有三个世界,三种混沌。最后,爱伴随着混沌,先于世界,唤醒了酣眠,照亮了黑暗,给死物以生命,予无形以形状,完善了不完善者。很难表达或想到比这更大的赞扬了。

第四章
论爱的效用

上面我们讨论了爱的源泉和高贵；我想我们现在该说说其效用了。要列举完其每一种效用当然是多余的做法，特别是因为它们都很容易理解。因为所有人在这点上都一样：我们避恶趋善（omnia enim in eo consistunt ut vitatis malis bona sequamur）。对人来说，恶和耻辱（turpia）一样，善和荣耀（honesta）一样。当然所有法律和教义无非是努力教导人们避开耻辱而向往荣耀。但是这个目标是借助无数的法律和条文，经历了很长时间的艰苦努力之后才最终达到的，而爱只需要一瞬间就可以成就这一切。因为羞耻心阻止人们作恶，对卓绝（excellendi）的渴慕激励人们追求荣耀。在人那里没有其他情形比在爱里更容易而迅速地出现这两种动机。

我们说"爱"，人们会理解为"对美的渴慕"（pulchritudinis desiderium）。因为这是所有哲学家对爱的定义。美是一种优雅（gratia），来自各种事物的和谐（concinnitate）。这优雅有三重。灵魂中各种德性的和谐是一种优雅；形体中各种色彩和线条的和谐生出一种优雅；同样，声音的各种曲调的和谐中也有一种非常伟大的优雅。因此美也有三重：灵魂的、形体的和声响的。灵魂的美可以通过理智认识；形体的通过眼睛；声响的经由耳朵。只有通过思考、观看和聆听,我们才得享美之为美,因此爱就是想要享受美的渴念,爱也就总是通过理智、眼睛和耳朵才能得到满足。那么我们需要的是嗅、尝还是摸呢?这些感官感知气味、滋味、热、冷、软、硬及此类事情。它们都不是人类的美,因为它们只是形态(forme),而人类形体的美需要不同部分的和谐。爱将享受美作为其目的。那只适合于思考、观看和聆听。因此爱局限于三者;对其他感官的追求也就不能被叫作爱,而只是活力(libido)或疯狂(rabies)。

如果一个人的爱是渴欲美本身,而且人体的美包含在一定的和谐中,同时和谐又是节制,那么爱就只是需要那些有节制(temperata)、适度(modesta)而又高雅(decora)的事物。因此味觉和触觉的快感太强烈而狂野,会将理智带离其适当的状态,会使人不安,爱不光不渴欲而且会憎恨和回避那些事情,因为那种放纵和美背道而驰。性爱的疯狂会导致放纵,因此也会导致不和谐。所以它也会导致丑陋,然而爱会导向美。丑陋和美丽是相反的;所以任何会把我们引向它们的行动都是相互反对的。因而对交媾的渴望和爱不光表现为并非同一种行为,而且还是相反的。将爱归为神的那些古代神学家证明了这一事实。后世的神学家也颇为认同。和罪恶有瓜葛的事物的名号不可能适合神。因而如果人们头脑健全就该避免不经意间把爱的名义,那个神圣的名号,用在愚蠢荒唐的事上。让狄开库斯[①],以及任何胆敢诽谤柏拉图庄严的人感到羞耻吧,因为他们在爱里太过

---

① [英本]迈锡尼的狄开库斯(Dicaearchus of Messene,前347—前285),亚里士多德的学生,是一位地理学家和历史学家。

纵容。在高雅、高尚而神圣的激情中我们从不太放纵甚或满足。因此每一种爱都是高尚的，每一位情人都是正派的。① 因为每一种爱都是美好而高尚的，所以自然而然爱的对象也是高尚的。但是由于把人带往淫荡的狂烈情欲会使我们丑陋，因此它就可以被判定为爱的反面。

返回来说爱的效用，羞耻心会阻止我们接近罪恶，而那使我们热衷于德性的意愿则很容易而快速地在爱中升起。首先，爱总是寻求美所以总是渴欲高尚和可敬的事物，由于它痛恨丑陋，因此必须避开罪恶和下流的事物；其次，如果两个人相互爱恋，那么他们会相互监视并且想要取悦对方。由于每一方都被对方监督，就像那些从不缺少证据的人，因此他们会避免罪恶。由于他们试图以炙热的热忱，用其总是承诺值得称颂的事物取悦对方，因此他们就不会被心爱的人轻蔑，而是被看作值得用爱回报的人。

但是斐德若详尽地揭示了这个原则，并且给出了三个例子。一个是讲一个妇女对一个男子的爱，他讲的是阿尔刻提斯（Alcestis），她是阿德墨托斯（Admetus）的妻子，她愿意为了丈夫而去死。另一个例子是讲一个男人爱一个女人，即俄尔甫斯和欧里蒂克（Euridice）。第三个爱的例子是讲一个男人对一个男人的，即帕特洛克勒斯（Patroclus）和阿基里斯（Achilles）的。其中他展示了没什么能比爱更让人勇敢。但是我现在的意图并不是想检验阿尔刻提斯或俄尔甫斯的寓言。因为如果这些故事被当作历史会比被当作寓言更有力地说明爱的力量和统治。

---

① 中译文统一称主动爱慕者为"情人"，被爱者为"爱人"。

所以让我们不需论据就承认爱是伟大而卓越的神,是高贵而非常有益的,让我们以满足于其自身目的——"美"的方式沉湎于爱中吧。我们有和认识它一样的能力去享受它。我们用理智、视觉和听觉认识它,因此也通过这些能力享受它。用其他感官我们享受不到美,美是爱所渴欲者,但是身体渴欲其他东西。因此应该用这三种能力猎取美,依靠在声音和形体中的美,就像凭借一些足迹那样,我们将捕获灵魂的美。我们将赞扬前者(美),但是仅仅满足于后者(爱);我们将总是努力回忆何为更伟大的美,怎样是更伟大的爱。

哪里身体是美的而灵魂不美,就让我们很少去爱那身体,就把它当作美的阴影和飞逝的印象吧。哪里唯有灵魂是美的,就让我们热忱地爱那恒久的灵魂之美。但是哪里有两种美并存,那就让我们更热烈地赞美它们。这样我们将展现出我们真的来自柏拉图家族。在其中除了欢庆(festum)、幸福(letum)、天国(celeste)和上界的(supernum)事物之外,我们对其他都一无所知。

但是现在满足于斐德若的演说吧;让我们转向泡赛尼阿斯。

第二篇谈话

第一章
上帝是至善、美和正义；
是开端、中间和结束

毕达哥拉斯学派哲学家相信"三合一"（Trinitatem）是衡量万物的标准，正因如此，我认为上帝通过"三"来管理万物，事物本身也由三重数组成。因此维吉尔说"上帝喜悦奇数"。当然，是至高的创作者首先创造了一切，其次吸引它们归向祂，最后完善它们。同样地，一切事物初生时都首先来自其永恒的源泉；其次当它们寻找其渊源时再回到它；最后当它们回归源头时得到了完善。俄尔甫斯在称颂宙斯（朱庇特）是宇宙的开端、中间和结束时也是这么唱的。因为祂在开端创造万物，中间吸引其造物回归祂，结束时当它们回归祂时祂又完善它们。因此我们可以叫宇宙的统治者是至善、美和正义，正如柏拉图经常称的那样。我说祂创造时祂是至善；祂吸引时是美；祂按照每件事物的价值完善它们时是正义。因此，美的特性在于吸引，它立于至善和正义之间。它来自善又归向正义。

第二章
神圣的美如何产生爱

神圣的美已经产生了爱,也即在万物中对其(美)自身的渴欲。因为如果上帝吸引世界归向自己,而世界也被吸引了,那么就有一定的持续的吸引会(开始于上帝,生发出世界,最终回归上帝)再次回来,就像一种圈环,回到其出发的地方。这同一个环,从上帝到世界再从世界到上帝的环,有三个名字。因其生于上帝而又受到祂的吸引,便被称为美;因其生发出迷恋它的世界,于是被叫作爱;因其回归其创作者并将其作品与祂结合,所以被唤作满足(享乐)。因此爱开始于美,终止于满足。这在赫洛泰乌斯(Hierotheus)和大法官狄奥尼修斯(Dionysius Areopagite)的颂歌中提到过,这些神学家歌颂道:"爱是善的圈环,总是从善到善地循环。"因为爱必然是善,它从善中诞生又回到善。正是同一个上帝,万物都渴欲祂的美,在享有祂时万物都恬静下来。因此真是从那里,我们的渴欲才被点燃了。在那里情人们的渴欲歇息了,没有浪费,而是得到了满足。狄奥尼修斯将上帝比作太阳不无道理,因为正如太阳给予形体以光芒和温暖,上帝给灵魂带来真理之光和爱的温暖。我们当然在《理想国》卷六中也可以了解这点,其论证方式我将在后文中解释。

太阳明显既创造可见的形体,同时也创造有视觉的眼睛;它给眼睛注入了光耀的精神,使它们得以看见;而它又给形体涂上色彩,以便它们能被看到。但是光不足以使眼睛获得视力,色彩也不足以让形体被看见,只有高于众多的唯一的光本身才能,从它那里很多适合眼睛和形体的光被配给、达到、照亮、激发和加强了。

同样地,一切的最初作为,被称为上帝者,在创造时赋予每件事物种属和作用。很明显由于这种作用是在被造物和被动的主体那里得到的,因此就是孱弱而无法完成任务的,而永恒、不可见的神圣太阳的光则总是普耀万物;它给生命带来温暖,激励、完善它并使其强大。俄尔甫斯曾有圣言:"祂温暖万物而其自身遍布万有。"(Cuncta fovens atque ipse ferens super omnia sese.)

由于祂是万物的作用,强化它们,因此祂被称为至善。由于祂激励又镇定,抚平又唤起,因此被叫作美的。由于在要被认识的对象里,祂将它们引领到敏锐灵魂的三种能力面前:理智、视觉和听觉,因此祂被唤作美。由于祂将认识的能力和可被认识的对象结合,因此祂被称为真理。最后,由于祂是至善,祂创造、统治而又完善,因此祂是美的,祂照亮和注入优雅。

第三章
美是神圣的善的光辉，
上帝是四圈环的中心

古代神学家将至善放在中心而将美放在圈环中是有道理的。或者是善在唯一的中心，美在四个圈环中。万物的唯一中心是上帝。围绕着上帝的四个圈环是：思想（头脑）（mens）、灵魂（anima）、自然（natura）和质料（materia）。思想是不动圈。灵魂是自我运动的圈。自然在他物中可动但并不靠他物。质料在他物中且靠他物才可动。另一方面，我们称上帝是中心而另外四个是圈环的原因还可以简要地解释如下：

圈环的中心是一个点，单一、不可分、不可动。从它那里有很多可分可动的线，可以向圆周引出来，那圆周也像它们一样①。这种可分的圆周围着中心以其为轴旋转。中心的本性就是这样，尽管它是单一、不可分、不可动的，但是它仍然能于那众多甚或所有各处可分可动的线中被发现。对各处而言，它都是线上的点。但是由于和它不同者互不触及，每条从圆周到中心的线必须经过这样一个中点，因此在每条线上都是单一、简单而不可动的。那么谁还会因为上帝出现在一切事物中，完全

---

① 即可分可动。

单一、简单而不可动,而否认祂应该被称为万物的中心呢?但是一切从祂而来的都是多、混合和某种意义上的动者,而且它们来自祂因此会回到祂,以线和圆周的方式。

由此可见,思想、灵魂、自然和质料来自上帝,它们尽可能地从它们旋转着的各个方向上向着祂回归。正如中心点出现在各处的线上,在整个圈环上,每条线通过其自身的点接触了圈环的中点,因此上帝是万物的中心,祂是最单一的统一和最纯粹的作用,祂将自身置入万物之中,不光因为祂出现在万物中,而且因为祂给予了所有祂创造的事物某种内在能力,那能力最简单也最特别,它被称作事物的统一,事物的其余部分及能力从它而来又向它而去,正如同来自又回到自己的中心。很明显被造物适合聚集到它们自己的中心,在它们靠近其创造者之前,聚集到它们自身适当的统一中,以便像我们常说的那样,能够通过靠近它们自身的中心而靠近万物的中心。天使思想在达至上帝之前,先要升至自身的顶点或顶端。灵魂也是,其他事物亦然。那些不可见的圈环是思想、灵魂、自然,可见世界的圈环是一种形象。因为形体是灵魂和思想的阴影和迹象。但是一个阴影和迹象对应于造成其阴影和迹象者的形状。因此这四者被称为四圈环没有错。

但是思想是一个不动的环,因为其运作和实体总是同一的,而且其发挥效用的方式也一样:它总是以同一种方式理解,以同一种方式意愿。另一方面,思想(头脑)有时可以是运动的,因为它和其他事物一样,都是来自上帝并自身要回到上帝。世界灵魂以及其他任何灵魂都是运动的圈环。因为灵魂依其本性是在话语中学习，并且在周期性的时间中发挥效用，但是从一个话语到另一个话语以及暂时的效用无疑都可以称为运动。但是如果在灵魂的认识中有任何稳定性的话，那种稳定也是因为头脑而不是灵魂。

自然也是一个运动的圈环。当我们说灵魂时，我们遵循了古代神学家的传统，指的是处于灵魂的理性和感官之中的能力；当我们说自然时，我们的意思是处于灵魂的繁育功能之中的能力。我们中的前一种能力（理性）被称为人的，后一种能力（感官）被称为人的幻象或形象。繁育的功能之所以被称为运动的，是因为它通过一段时间来产生其事物。但是它不同于灵魂的特性：灵魂是通过自身和在自身中运动的。我说它通过自身是因为它是运动的开端，说它在自身中是因为理性和感性的运作恰好就在灵魂的实体中。在它们中不必然对形体造成影响。现在我们称之为自然的繁育的能力当然是通过自身运动的，因为它是一个自我运动的灵魂的某种能力。但是繁育的能力也被称为在他物中被推动，因为其整个功能被限定在形体的料中。因为它滋养、增加和繁殖形体。然而质料，或说形体的料，是一个运动的环，既通过其他，也在其他中。说它通过其他是因为它必然被灵魂激活起来，而在其他中是因为形体的运动发生在空间之中。

因此，现在我们可以清楚地知道神学家们为什么将善置于中心而将美置于圆周了。如果万物的善本身是唯一的上帝，经由它万物都成为善的，那么美就是上帝的射线，注入以一定方式围绕着中心旋转的四个圈环中。这种射线在四个圈环中形成了所有事物的种。这些种是我们在思想中熟悉的理念，在灵魂中的理性，在自然中的种子，在质料中的形式。因此在四个圈环中似乎有四种光芒（splendores）。首先是理念的光芒，其次是理性的光芒，再次是种子的光芒，最后是形式的光芒。

第四章
对柏拉图关于神圣事物的话的解释

当柏拉图在给狄奥尼修斯王的信中声称，上帝是一切美好事物的原因，也即一切美的开端和源泉时，其所意指的秘义就是：

在万有之王周围是万物。万物皆因由于祂。祂是一切美好事物的缘由。次一级的围绕次一等的。第三级围绕第三等。人类灵魂愿意通过观看与其本身相关的事物来理解那些事物是什么；但是这些都不够。因为在万有之王本身和我已经提到的事物周围，再没有什么是它们这样的；而灵魂只能诉说接下来的东西。

在……王周围意味着不是在王里面而是在王外面。因为在上帝中没有复合物。柏拉图为了解释何为周围而接着说，万物皆因由于祂。祂是一切美好事物的缘由，就像是说一切事物都围绕着王是因为：祂是它们的目的，就像开始时从祂里面产生其开端一样，一切事物都因自身本性而返回祂。一切美好事物，即一切的美，都在上面提到的圈环中闪耀。因为身体的形式通过种子，有些通过理性，有些通过理念，回到了上帝；它们都经由同一平台产自上帝。严格来说，当他说"万物"时他的意思是所有理念，因为剩下的都包括在其中。

次一级的围绕次一等的。第三级围绕第三等。查拉图斯特拉认为世界上有三位王，是三种等级的主：阿胡拉马兹达（Ohrmazd）、米特哈（Mithra）和阿赫曼（Ahriman）。柏拉图称之为上帝、思想和灵魂。然而这三种等级在神圣的种中则是：理念、理性和种子。因此第一级就是理念，围绕着第一等即上帝旋转，因为它们是由上帝给予思想的，而它们将思想领回到给予它们的祂中。次一级的围绕次一等的，即理性围绕着思想，因为它们通过思想进入灵魂并且指导灵魂回向思想。第三级围绕第三等，即事物的种子围绕着灵魂，因为它们通过灵魂进入自然，即进入繁衍的力量，而它们又一次将自然和灵魂结合。以同样的方式，形式也从自然降入质料。但是柏拉图没有将它们包括进那些既定的序列中，因为自从狄奥尼修斯询问神圣的事物开始，柏拉图就将从属于非物质界域的三种等级引证为神圣者，但是将形式留给形体。而且柏拉图并不想称上帝为"第一"王而是万有之王，免得在他说"第一"时像是将祂放在某种数字序列中，将祂的地位和次等的统治者相混淆。他也没有说只是一级事物围绕祂，而是说一切事物，以免让我们以为上帝只是一定等级的而非万物的统治者。

人类灵魂愿意……理解那些事物是什么。在神圣的美在三个圈环中放射出三种光芒之后，他巧妙地为它们添上了灵魂的爱。因为正是从那里灵魂的热情才被点燃。神圣者渴欲神圣者当然是适当的。

通过观看与其本身相关的事物。因为人类认识起于感知，我们常常习惯于依据那些被认为是对形体影响最深的事物来判断神圣的事物：通过物质的能力来判断上帝的权能；通过它们的秩序来判定上帝的智慧；通过它们的效用来判断上帝的至善。但是柏拉图称形体的形式和灵魂相关，就像近亲。因为形体的形式位于低于灵魂的一层上。

但是这些都不够。这种形式既不是充分存在，也不为我们充分表现神圣的事物。因为真实的事物是理念、理性和种子。但是形体的形式似乎是事物的影子而不是真实的东西。但是仅作为形体的影子不能够表现形体准确而清楚的形状，因此形体不能表现出神圣事物的适当本性。

在万有之王本身和我已经提到的事物周围，再没有什么是它们那样的。因为有朽的事物怎么能像不朽的，错的怎么能像对的呢？灵魂只能诉说接下来的东西，即当灵魂通过有朽的事物来判断神圣事物时，它关于神圣事物所说的都是错的，并且不能够说出神圣事物，而只能说出有朽的事物。

第五章
神圣的美在万物中闪耀
并且为万物所爱

而且为了能在寥寥数语中包含很多事情,至善当然就被说成上帝本身卓越的存在。美是从其中放射出的渗透万物的作用或射线:首先进入天使的思想,其次进入整体的灵魂,以及其他灵魂,再次进入自然,最后进入形体的质料。它以理念的秩序装饰头脑。它以理性的序列充实灵魂。它用种子供给自然,它以形式装点质料。但是正如太阳的一束射线点燃了四个形体——火、气、水和土,上帝的一束光就能照亮思想、灵魂、自然和形式。正如任何一个人在这四元素中所看到的光就是太阳的射线本身,并且他通过那射线便会转而观看太阳卓越的光芒,任何在头脑、灵魂、自然和形式中看到和热爱美的,都在其中观看和热爱上帝的光芒,经由其光芒进而企及上帝本身。

第六章
论情人的激情

一个情人的激情恰好不能被任何身体的视觉或者触觉所熄灭。因为他并不渴念这个或那个身体，他羡慕、渴念和惊愕的是天界的庄严通过形体而放射出的光辉。正是出于这个原因，情人们并不知道自己渴念和寻求的是什么，因为他们不认识上帝本身，祂自身神秘的味道散发出某种非常甜美的芳香，注入其作品中。我们借助这种芬芳才能确保每天都被激发。我们闻到的那种味道无疑是我们不认识的。因为只有被这种明显的香味吸引，我们才会渴欲隐秘的味道，我们并不知道我们在渴欲什么和遭遇什么。

情人们恰好总是以某种方式害怕和崇拜爱人的视界。尽管我担心当听到这些事时你们中的某些人会脸红，但是我甚至可以说，即便是勇敢而智慧的人们也已经习惯了容忍爱人的仪态，无论有多低下。显然并不是某种人类的力量使他们畏惧、让他们屈服并被它所支配。因为人类的力量总是在更勇敢、更智慧的人那里变得更强。但是神圣的光芒像上帝的塑像一样闪耀在美之中，迫使情人们惊叹、害怕和崇拜。同理，由于爱人的仪态，一个情人会放弃财富和荣耀，将它们视为毫无价值的东西。因为神圣的事物更为人类所爱是恰当的。有人想要将自己变成一个被爱着的人也是常有的事。他向往和试图变成一个神而不是人也没什么错。谁不想把人变成神呢？

那些困于爱情的人也恰好总是忽而叹息忽而欣喜。他们叹息是因为他们迷失着自我，摧残着自我，毁灭着自我。他们欣喜是因为他们将自身转变成更好的。他们也会忽热忽冷，就像患了隔日热。他们之所以冷，是因为他们被自己的热遗弃了，他们还会热，是因为他们被天界射线的光芒点燃了。冷了会胆怯，热了会勇敢。因此他们也忽而怯懦忽而大胆。甚至，有些最愚蠢的人因为爱而变得更聪明了。有了天界射线的帮助，还会有谁看得不分明清楚呢？

关于爱本身、美及其源头以及情人的激情说这些已经足够了。

第七章
论爱的两种源头及两位维纳斯(美神)

接下来应当简要谈一下爱的两种类型。据柏拉图说,泡赛尼阿斯说丘比特(爱神)是维纳斯(美神)的同伴。并且他还认为,有多少位美神,就必然有多少位爱神。他提到了两位美神,她们由一对爱神双胞胎陪伴左右。他把其中一位美神唤作天上的,另一位则唤作世俗的(vulgarem)。天上的美神由天王星乌拉诺斯所生,没有母亲。世俗的美神则由朱庇特与狄俄涅(Dione)所生。

柏拉图主义者把至上的神称作乌拉诺斯,因为这个至高的形体就如同上天一样,统治并包含着所有形体,所以至上的神被抬高到所有神灵之上。但是他们用好几个名字来称呼思想。有时他们将其称作萨图恩,有时称作朱庇特,有时又称作维纳斯。因为思想存在着、活着并且理解着:他们习惯于将它的存在称作萨图恩,将其生命称作朱庇特,将其理智称作维纳斯。我们也以同样的方式将世界灵魂称作萨图恩、朱庇特和维纳斯:因其能理解天界的事物,故而称作萨图恩;因其推动天界的事物,便称作朱庇特;因其繁育低级的事物,于是称作维纳斯。

第一位美神,处于思想之中,据说她由乌拉诺斯所生,却没有母亲,因为对于唯物论者来说,母亲就是物质,但思想与有形的物质是无关的。第二位美神，处于世界灵魂之中，她由朱庇特和狄俄涅所生。由朱庇特所生，意味着是由世界灵魂推动天界事物的能力所生，因为这一能力创造出了产生低级事物的力量。他们认为第二位美神还有一位母亲，因为她被注入了世界物质之中，所以她被认为与物质有所关联。最后，简要地说，美神是双重的。一位是我们在天使思想中所找到的理智，另一位则是世界灵魂所具有的繁育能力。每一位美神都有一个同她相似的爱神作为她的同伴。前一位美神因其能理解神之美而为天生的爱所着迷，同样地，后一位美神则因其能繁育形体中的美而为爱着迷。前一位美神首先拥抱她自身中的神性所散发的光芒，然后她将其转交给第二位美神，第二位美神则将这光芒的火花转化为世界物质。正是因为存在着这些火花，世界上的各种形体才依据它们天性的感受力而看起来那么美。人类灵魂通过眼睛来感知这些形体的美。灵魂同样拥有双重能力。它具备理解的能力，同时也具备繁育的能力。这两种孪生的能力是在我们之中的两位美神，由两位孪生爱神所陪伴。当人类身体的美第一次与我们的眼睛相遇时，我们的智力，即我们体内的第一位美神，将其崇拜和尊奉为具有神圣之美的形象，并且通过这样而引起那种美。然而第二位美神，即繁育的能力，也想要创造出一个同样的形式。所以，在这两方面都有爱：在彼处是一种思考美的欲求，在此处则是一种普及美的欲求。每一种爱都是崇高的、值得赞颂的，因为它们都遵循着神圣的形象。

那么，对于爱，泡赛尼阿斯所指责的是什么呢？的确，我应当告诉你们。如果有任何人，由于过分渴望繁育而忽视了思考，或倾向于不依助女性而繁育，或是与男人一起时违背自然秩序，或是相较于灵魂的美而言更偏好身体的形式，那么他显然就妄用了爱的尊严。这种对爱的妄用正是泡赛尼阿斯所指责的。只要合宜地使用爱，就一定会赞美身体的美，而且通过它可以去沉思更高层的灵魂、思想和上帝的美，由此而更强烈地赞美和热爱它。还有他对繁育和交媾职能的使用应当遵循自然秩序以及经由审慎制定的公民法律。这些正是泡赛尼阿斯详细谈及的。

第八章
爱的劝勉，论单一的爱及互相的爱

所以，我的朋友们，我鼓励和恳求你们用全力拥抱爱，把它当作一种毫无疑义的神圣事物。不要因他们所说的话而感到害怕，他们说柏拉图是这样谈及某位情人的，"那个情人，是一个死在他自己身体中却活在另一个异己的身体中的灵魂"。并且，也不要因为俄尔甫斯所吟唱的情人苦痛而糟糕的命运感到烦忧。因为如果你不介意的话，我接下来将要探究应该如何去理解这些事，以及如何对其进行补救。请侧耳细听。

柏拉图把爱称作一件苦事。这没有错，因为每个爱着的人，都会死去。俄尔甫斯将其称作γλυκύπικρον，意思是"苦乐参半"。当然如此，因为爱是一种自愿的死亡。因其是自愿的，所以它是甜蜜的。而任何爱着的人，都会死去。他的注意力，完全忽略了自己，而常常转到了爱人身上。如果他没有思考自己，那么他当然就没有在自身中进行思考。于是，受到影响的灵魂就不在自身之中发挥作用，因为灵魂特有的作用正是思考本身。不在自身中发挥作用，便不在自身中存在。因为作用和存在这二者，是完全相等的。既没有毫无作用的存在，也没有超出存在之外的作用。没有人可以在他不存在时发挥作用，只有他存在，他才发挥作用。所以，一个情人的灵魂并不存在于自身之中，因为它没有在自身中发挥作用。如果它不存在于自身之中，那么它就没有活在自身之中。没有活着，亦即死亡。所以，任何爱着的人都在自身中死亡了。但是，他是否至少活在另一处呢？当然！

有两种爱：一种爱是单一的；一种爱是相互的。单一的爱是指被爱的人并不爱那位爱者。此时这位爱者便完全死亡了。因为正如我们已充分论证的，他既不活在自身之中，亦不活在他爱的人之中，因为他被其拒绝了。那么，他究竟活在何处呢？可不可能活在气、水、火或土之中，或是某种动物的形体之中呢？不可能。因为人的灵魂只能活在人的身体之中。也许他的灵魂将其生命引领到另一个不被爱着的人的身体之中了呢？这也是肯定不可能的。因为如果它不能活在它最想要活的身体之中，它怎么还会活在其他身体中呢？所以一个爱着别人却不为别人所爱的人，无处可活。因此，不被爱着的爱者完全是死亡的。除非愤慨使他苏醒，否则他无法复活。

然而，如果被爱的人回应了一个人的爱，那么他至少在爱人之中具有了生命。此时发生的是一件很奇怪的事情。当两个人在相互的喜爱中拥抱彼此时，这个人就活在了那个人之中，而那个人则活在这个人之中。这两个人交换了彼此，每个人都将自身交与对方以便接受对方。当他们忘记自身时他们如何舍弃了自身，这一点我懂。但是，他们是如何接受彼此的，我却不太明白。因为一个无法拥有自己的人，又何谈拥有他人。倒不如说，每个人都拥有着自身和对方。这个人拥有自身，并且在那个人之中；而那个人也拥有自身，同时也在这个人之中。

第八章 爱的劝勉，论单一的爱及互相的爱

显然，当我爱着爱我的你时，我在你想着我时找到了自身，于是我重获自身，我由于自己的疏忽失去了自身，但在你之中又保留了自身。你在我之中也做着同样的事。

这似乎也是令人惊异的。当我失去了自身之后，如果我通过你重获了自身，那么我就通过你拥有自己；如果我通过你而拥有自己，那么我就在拥有自己之前先拥有了你，并且对你的拥有更甚于对自己的拥有，我对你比对自己更为亲近，因为我只能通过你，将你作为媒介才能企及自己。当然，在此处爱神的力量不同于战神的强力。支配与爱显然是迥异的。统治者通过自身而占有他人；而情人则通过他人重获自身。爱着的人双方离自己越远，离对方就越近，他们在自身之中死去，又在对方之中复活。在互相的爱中，只有单一的死亡，却有双重的复活。因为当爱着的人忽略了自己时，他便在自身之中死去；而当他的爱人在爱的思想中接受他时，他又立即在爱人之中复活。当他最终认识到自己在爱人之中，并且毫不怀疑自己被爱着的时候，他便再次复活了。哦，这两个生命所追随的死亡是多么欢乐呀！啊，为了对方而放弃自己，却拥有了对方，而且并未从此失去自己！哎，这种契约是多么奇妙呀！当爱着的人双方合二而一，其中每一方都不再只是单一，而是成为双重，就好像他被乘以二，本来只有一个生命（其间含有一次死亡），现在却有了两个生命，这样的收获是何其丰稔啊！一个人死一次，却复活两次，他已经为唯一的生命获取了两个生命，为单一的自我获取了两个自我。

在互相的爱之中当然也有十分公正的复仇。杀人者必须被

处以死刑。一个被爱着的人是一名杀人犯,因为他使情人与其灵魂分开,谁会否认这一点呢?同理,当这个被爱着的人也同样爱他的情人时,他便死去了,谁又会否认这一点呢?

你把你收到的灵魂还给我,我又把我收到的灵魂还给你,这的确是一种注定了的偿还。由于爱,每个人都放弃了自己的灵魂;而由于爱,他又反过来在自身之中复活了另一个灵魂。所以,出于正义本身,每个被爱的人都必须爱回去。而不爱情人的人必须为谋杀而承担责任。如果不负责,那就相当于盗贼、杀人犯和亵渎者。金钱为身体所拥有,身体则为灵魂所拥有。所以,一个偷走了别人灵魂的人,由于灵魂拥有着身体进而也拥有着金钱,他就等于同时偷走了灵魂、身体和金钱这三样。因此,如同一个盗贼、杀人犯及亵渎者一样,他应被处三次死刑;由于他如此可憎和邪恶,任何清白的人都可将他处决,除非他自己自愿执行法律,即去爱他的情人。这时,同死一次的情人一样,他也死一回;同复活两次的情人一样,他也复活两回。

经过上述论证可以知道,爱人应当对他的情人回报以爱。然而,他不仅应当这么做,而且必然会这么做,下面将予以证明。相似性会衍生出爱。相似性在许多事物中表现出相同的性质。因为如果我和你相像,那么你也必然与我相像。所以,正是同一种相似性迫使我爱上你,也迫使你爱上我。此外,情人将他与自身剥离,并将其自身给予爱人。于是爱人便将他当作自己的财产好好照看。一个人自己的东西对他来说是最宝贵的。事实还在于,情人将爱人的形象深深刻在自己的灵魂中,

第八章 爱的劝勉，论单一的爱及互相的爱

所以情人的灵魂成为爱人的一面镜子，它反映着爱人的形象。出于这一原因，当爱人从情人中认出自己时，他将被迫爱上他。

占星家们认为，在那些出生之时太阳和月亮有光的交换的人们之间，存在某种特别的爱的交互性。也就是说，如果我出生时，太阳处于白羊宫，月亮处于天秤宫；而你出生时太阳处于天秤宫，月亮处于白羊宫。或者是那些有相同或相似的上升星座①的人们。或者是从上升角度看那些守护星座相似的人。或者是那些出生之时金星处于同一个宫位及同一纬度的人们。柏拉图主义者们补充道，或者是那些由同一个或相似的守护神统治其生命的人们。而自然哲学家和道德哲学家们则说，性情、营养、教育、习惯或观点方面的相似性才是感情的诱因。最终，如果这些诱因中的几种同时发生，那么爱的交互性就会非常强。如果它们全都同时发生了，那么如同达蒙和菩提亚斯（Pythie Damonisque）②或皮拉

---

① 上升星座即人们出生时东方地平线与黄道交界处升起的第一个星座。
② 关于达蒙和菩提亚斯的故事可以参考阿里斯托克塞努斯（Aristoxenus）、西塞罗等人的记述，大约在公元前4世纪，菩提亚斯和达蒙都是毕达哥拉斯的弟子，他们去了叙拉古，菩提亚斯被指控密谋反对叙拉古的僭主狄奥尼修斯一世，按照这个罪行菩提亚斯被叛处死刑。菩提亚斯服刑前请求最后回一次家，料理后事并与家人告别。狄奥尼修斯不想被当作傻瓜，他拒绝了菩提亚斯的要求，因为他认为普拉提斯会逃走不再回来。于是菩提亚斯换来了达蒙，让他在自己走后顶替自己的位置。狄奥尼修斯同意了，条件是菩提亚斯不能在允诺返回的时间之后返回，否则将处死达蒙。达蒙答应了，于是菩提亚斯获释。狄奥尼修斯认为菩提亚斯不会再回来，于是在菩提亚斯允诺返回的日子准备处死达蒙。但是正当行刑之时，菩提亚斯返回来了，向朋友为其来迟而道歉，他说在返回叙拉古的航线上他的船被海盗劫持，把他扔在水中，他是游泳到岸边又从陆地尽快来到叙拉古解救朋友。狄奥尼修斯听完之后被这种朋友的信任和忠诚深深地感动了，于是释放了两人并让他们成为自己法庭的顾问。

德斯和俄瑞斯忒斯(Piladis et Horestis)①般的激情就会再次产生。

---

① 俄瑞斯忒斯在其母亲克吕泰涅斯特拉(Clytemnestra)和埃癸斯托斯(Aegisthus)有奸情时已经被派往福喀斯(Phocis),在那里他和皮拉德斯一起长大,情同手足。俄瑞斯忒斯走后,克吕泰涅斯特拉杀死了自己的丈夫也即俄瑞斯忒斯的父亲阿伽门农(Agamemnon)。俄瑞斯忒斯成年之后返回迈锡尼(或阿戈斯)复仇,他的朋友皮拉德斯成了其帮凶,他们杀死了埃癸斯托斯和他母亲。当俄瑞斯忒斯开始怜悯自己的母亲和父亲时,正是皮拉德斯鼓励了他。埃斯库罗斯的悲剧《俄瑞斯忒亚》(The Oresteia)讲了这个故事,其中皮拉德斯只说了一句话。其他俄瑞斯忒斯复仇的故事还分别记录在索福克勒斯和欧里庇得斯的《埃勒科特拉》(Electra)里,在索福克勒斯的悲剧里,俄瑞斯忒斯假装死了,皮拉德斯捧着骨灰缸就像捧着朋友的遗物一样。

还有,皮拉德斯返回祖国但由于犯罪被父亲驱逐时,他来到俄瑞斯忒斯那里,俄瑞斯忒斯帮他想出一个躲避死刑的办法。他们试图杀死俄瑞斯忒斯叔父墨涅拉俄斯(Menelaus)的妻子海伦,因为他们发现他叔父无力保护俄瑞斯忒斯。然而由于诸神的干预,他们的计划落空了。于是他们将叔父和海伦的女儿赫尔墨涅(Hermione)当作人质。阿波罗前来处理此事,给他们命令,包括皮拉德斯要娶俄瑞斯忒斯的妹妹埃勒科特拉(Electra)为妻。

皮拉德斯在欧里庇得斯另一部悲剧《伊菲革涅亚在陶洛人里》(Iphigeneia in Tauris)中也是重要角色。为了躲避复仇女神厄里倪厄斯(Erinyes)的迫害,俄瑞斯忒斯被阿波罗命令去了陶里刻(Taurike),夺走从天上掉下来的阿尔忒弥斯(Artemis)的神像,并把它带到雅典。于是俄瑞斯忒斯和皮拉德斯去了陶里刻,结果刚一去两人就被人抓起来下了狱,当地人有个习俗就是把所有外来的陌生人献给阿尔忒弥斯。负责完成献祭的阿尔忒弥斯的祭司恰是俄瑞斯忒斯的姐姐伊菲革涅亚(Iphigeneia),于是她说只要俄瑞斯忒斯帮她带一封信回希腊就放了他,俄瑞斯忒斯拒绝了,但是授意皮拉德斯去交信而自己留下来受死。经过一番彼此爱恋的挣扎,皮拉德斯最终屈服了,但是这封信使得姐弟二人摒弃前嫌,三个人一起带着阿尔忒弥斯的神像逃离了陶里刻。

第九章
情人们寻求什么

综上所述,当人们互相爱着的时候,他们寻求的是什么呢?他们寻求美。因为爱就是一种享受美的渴念。然而美是吸引人类灵魂朝向它的某种光芒。当然身体的美不过是色彩和线条装点中的光芒。而灵魂的美也只是教义与习俗的和谐中的光芒。感受身体之光的,不是耳朵,不是嗅觉,不是味觉,也不是触觉,而是眼睛。如果只有眼睛可以辨认(这种光),那么也只有眼睛才能享受它。所以,只有眼睛才能享受身体的美。但是既然爱不是别的,正是一种享受美的渴念,而这美只有眼睛才能感知,所以爱着身体的人仅仅满足于视觉,于是,对于触觉的欲望就不是爱的一部分,也不是情人的某种激情,而毋宁是一种淫欲和卑鄙之人的烦恼。此外,灵魂的光和美,我们只能靠理智来把握。所以,爱着灵魂之美的人,仅仅满足于理智的观察。最后,在情人之间,美与美是相互交换的。一个男人用眼睛享受他所爱的青年男子的美,而这位青年则通过理智享受着这个男人的美。并且,通过这种关联,仅仅拥有身体美的人,在灵魂上也变得美了;而仅仅拥有灵魂美的人,则让肉眼充满了形体美。所以,这是一种美妙的交换,对于双方来说都是崇高、有益而愉悦的。就德性来说,双方是一样的,因为学习和教导是一样崇高的。就愉悦感来说，年长的男人获得的愉悦更强烈，他在视觉和理智上都感到愉快。但是就益处来说，年轻的男子得益更多，因为正如灵魂高于形体，获取灵魂之美亦高于对形体之美的获取。

泡赛尼阿斯的演讲就到此为止，下面让我们来说说厄里刻希马库斯的演讲。

第三篇谈话

第一章
爱在万有之中，为着万有

根据我们的厄里刻希马库斯的观点，似乎有三件事情我们应当按顺序予以讨论。第一，爱现身于万有之中并且延伸遍及万有。第二，祂是所有依据自然所造之物的创造者和护持者。第三，祂是全部艺术的主人和君王。

当然，在自然中要考虑到三种层次的事物：高等的、低等的和同等的。① 那些处于上面的是低等事物的原因；那些处于下面的是高等事物的作品；同等的事物则被赋予相同的性质。原因将它们的作品看作自己的部分和形象来爱。另一方面，作品也渴慕它们的原因，将其视作自己的护持者。但是，处于同一层级的事物则因相互之间的爱而互相吸引，就如同它们是同一个身体的相似部分。因此，上帝以某种仁慈统治和支配着天使；天使则与上帝一起，统治和支配着灵魂；而灵魂则与它们一起，统治和支配着身体。从这里面，我们能清晰地感受到高等者对低等者的爱。

另一方面，身体既最强烈地想要与灵魂结合，又最不愿意

---

① ［英本］整个第三篇谈话（除了第三章第一部分）都基于伪狄奥尼修斯：《论圣名》，4.10—16，但是伪狄奥尼修斯的思想来源是普罗克洛斯：《神学要义》，23—39 和 155。

与其灵魂分开。我们的灵魂渴慕天界事物的福乐。天界事物幸福地崇拜着伟大的至上之神。这就是低等者对高等者所产生的爱的感觉。

  同样地,火的所有组成部分都情愿与彼此相符合。土、水、气的组成部分也一样与彼此相符。而在所有动物物种中,相同物种的动物通常在互相交往中接纳彼此。这体现了同等及相似事物之间的爱。那么,谁还会怀疑对万有的爱是固有于万有之中的呢?而这正是大法官狄奥尼修斯在《论圣名》中依据赫洛泰乌斯的观点所指出的,其语如下:

> 无论我们将爱称作神圣的、天使的、精神性的、动物的还是自然的,我们都明白,它是某种移接和整合的德性,[1] 它将高等的事物交由低等的事物照看,并且使同等的事物在社会交往中保持协调,最后,它还敦促低等的事物转向更伟大的、更高的事物。[2]

这正是他所说的。

---

[1] ［英本］意大利文译本表明这个短语意思是"某种整合和统一的天性"。
[2] ［英本］伪狄奥尼修斯:《论圣名》,4.15.713a, b,《论赫洛泰乌斯》。

第二章
爱是万有的创造者和护持者

我们谈话中的第二点，即爱被称为万有的创造者和护持者，将通过以下方式得到证明。一个人想要传播自己的完美性是某种类型的爱。绝对的完美存在于上帝的至高力量之中。只有神圣的理智才能沉思这种完美。并且在此处，神圣的意志想要在自身之外传播同样的完美性。出于这种传播的爱，万有便被祂创造出来。因此，我们的狄奥尼修斯说道："神圣的爱不允许万有之王只存留于自身之中而无子嗣。"最初的创造者也将同一种传播的本能注入了万有之中。通过这种本能，神圣的精神推动天界，并且将它们的馈赠分给所有低等存在。通过这种本能，星辰将自身的光芒散播于各种元素之中。通过这种本能，火传达出自己的热量，并推动气；而气又推动水，水又推动土地。反之亦然。土地将水吸引至自身，水又吸引空气，空气吸引火；而所有想要传播其种子的草木植物，都结出同自身相像的果实。同样地，牲畜、人类，都在同一种渴慕的引领下繁育自己的后代。

然而，如果爱创造了万有，那么它也护持着万有。因为创造和护持这两种功能往往是同一回事。当然，相似的事物彼此护持。但是，爱将相似之物吸引到一起。土地中的单独土块，出于互相的、联结的爱，与其他同自己相似的土块黏附在一起。而作为整体的土地，又延伸至与自身相像的世界中心，这是出于对它的向往。同样地，水滴们彼此推移，并且推动着整个水体流向适合自身的地方。空气和火的成分也同样如此：这两种元素也同样出于对天界的爱而被吸引至天界这一适合于、类似于它们的地方。而天，正如柏拉图在《政治家》中所说，是由天生出的爱所推动的。天的全部灵魂即刻便存在于天的全部因素之中。因此，由于想要享有灵魂，并且为了在各处都享有整个灵魂，天贯穿于它的各个部分。而且，天飞快地运行，以便能完成这一点，即当灵魂即刻现身时它也即刻现身。除此之外，任何较大苍穹的凹面都是下一个较小苍穹凸面的天然位置。并且，由于较小苍穹的每个微粒都同等地与较大苍穹的微粒相一致，所以较小苍穹的每个微粒都想要触碰较大苍穹的全部微粒。如果天是不动的，那么只有单一的微粒将触碰单一的微粒，而不是任一微粒都能触碰全部微粒。通过运行，天就能实现它保持不动时所实现不了的事情。并且，它运行得非常之快，以便尽可能地使任一微粒几乎能在同时触碰到其他全部微粒。

最后，万有是由它们各部分的统一所护持的，如果它们的各部分互相离散，那么事物便死亡了。但事物各部分相互之间的爱使其成为一个统一体。这一点可以在我们身体的体液和世界各元素之中看到。正如毕达哥拉斯主义者恩培多克勒所说，无论是世界，还是我们的身体，都存在于这些元素的和谐之中，一旦产生纷争它们便毁灭了。但是在它们的和谐之中，产生了

一种和平与爱的交流。故而俄尔甫斯说道:

爱啊! 唯有你驾驭着那些事物(μοῦνος γὰρ τούτων πάντων οἴηκα κρατύνεις)。①

---

① [英本]俄尔甫斯:《颂歌》,58(《致爱神》,8),"那些事物"指"世界上的事物"。

第三章
爱是全部艺术的主宰和统领

说完这些之后，余下的任务便是如何解释爱是全部艺术的主宰和统领了。只要我们考虑到以下这点，我们就会明白祂确实是艺术的主宰：除非人们为学习的愉悦和探索的欲求所推动，除非施教的人爱自己的学生并且学生也非常热切地渴望学习，否则没有人能发现或学习任何艺术。而且，祂还被恰当地称作统领。因为那些深爱着艺术作品本身以及深爱着作品所献之人的人们，才会勤勉地创作他们的艺术作品并精确地完善它们。除此之外还有一个事实在于，所有艺术领域中的艺术家们所寻求的、所注重的，除了爱以外别无其他。

现在，让我们简要地回顾一下厄里刻希马库斯在柏拉图对话中所提到的艺术：

医学除了思考我们身体中的四种体液如何变得相互和谐并保持下去，以及我们的自然爱慕和渴望哪些食物、饮品、治疗及其他生活所需之外，它还会思考其他什么呢？在这里，厄里刻希马库斯通过某种比喻，触及了之前泡赛尼阿斯所区分的两位爱神：天上的和世俗的。具有温和身体外貌的美神，具有一种温和的爱，并且为着温和的及适宜的事物；而具有放纵外貌的美神，则具有相反的爱，并为着相反的事物。前一位爱神，当然应该沉湎于她；而后一位，则应永不屈从于她。同样地，在体育运动中，我们应当探明身体所爱慕的、所需要的是哪些身体习惯、哪种运动以及哪种姿势。在农事中，我们应当探明哪种土壤需要哪种种子或哪种照料，或植物们渴望哪种耕作方法。

在音乐中所研究的也是同样的事情，从事音乐的艺术家们所探究的是哪些数字更多地或更少地爱着哪些数字。① 他们发现 1 和 2 之间以及 1 和 7 之间的爱最少。而在 1、3、4、5、6 之间，他们却发现了较为强烈的爱。1 和 8 之间的爱是最强烈的。音乐家们通过一定的音程和调式创作出激烈的和肃穆的曲调，它们各自有不同的天性，却彼此友好。从此之中衍生出协调的曲调和愉悦（compositio et suavitas）。他们还为这些曲调调适或慢或快的运动，以使它们成为非常好的朋友，从而创造出韵律与和谐。然而，据说有两种音乐旋律。一种是深沉、稳重的。另一种则是精巧、活泼的。柏拉图在《理想国》和《法义》中，将前一种音乐判定为对听者有益的，而将后一种判定为有害的。在《会饮》中，他认为前者要归因于缪斯女神乌拉尼亚（Urania），而后者则归因于波吕姆尼亚（Polymnia）。有些人爱前一种类型，而另一些人则爱后一种类型。爱着前一种音乐的人们应该是隐忍的，而对他们所想要听到的声音应该予以准许；但是对后一种人的口味应该予以抵制。因为前一种音乐的美神是天上的，而后一种的美神是世俗的。

占星学思考的是星辰与四种自然元素之间的友好关系。在

---

① ［英本］这里的术语"数字"意指八度音阶。

某种意义上，它们之中也同样存在着那两位美神。当它们相互之间力量达到适度的和谐时，温和的美神就处于它们之中。而当它们其中一个太过于爱自己而在某种程度上弃绝其他几个时，放纵的美神就处于它们之中。由前一位美神衍生出惬意的气温、宁静的水、肥沃的土地和健康的动物。由后者则衍生出相反的事物。

最后，先知和教士的权能也主要在于此，它教导我们人类哪些事工会使上帝喜悦，人如何成为上帝的朋友，应当向上帝、国家、父母以及其他那些活着或死去的人展示哪种爱和仁慈。

在艺术的其余领域里，也可以推断出同样的事情，并且概括出这一结论：爱在万有之中，为着万有。祂是万有的创造者和护持者，祂是全部艺术的主宰和统领。因此神明俄尔甫斯正确地将祂称为：

聪慧的、双重(本质)的、掌握着万有的密钥(εὐπάλαμον, διφυῆ, πάντων κληῒδας ἔχοντα)。①

说它有双重本质的原因，你最初已从泡赛尼阿斯那里有所耳闻，然后又从厄里刻希马库斯那里得知。而俄尔甫斯说爱掌握着世界之密钥的理由，我们从上文所述中已足以理解。正如我们所揭示的，想要传播自身完美性的欲求，天生地存在于万物之中，它解释着万物潜在而隐藏的生殖力，它使种子发育成胚胎，从万物的心中抽取出力量，繁育出后代，并且仿佛握着

---

① [英本]俄尔甫斯：《颂歌》，58(《致爱神》，4)。

钥匙一般，开启了这些后代，把它们带到明亮之处。因此，世界的各个部分，由于它们都出自一位艺术家之手，是同一部机器的构成部分，并且就存在和生命来说彼此相似，因而被某种相互的爱束缚于彼此；所以，爱可以被正确地称作世界的终极之结和终极之环，被称作世界各部分的固定支撑，整部世界机器的坚实基础。

第四章
世界的各部分不会相互憎恶

如果是这样，那么这件作品①的各个部分便不会相互敌视。火并不是出于对水的憎恨而逃离它，而是出于它对自身的爱，以免自己被水的寒冷所熄灭。水也不是出于它对火的恨而浇熄它，而是被某种在火的形体中繁殖其寒冷以创造出同自身一样的水的热望所驱使。既然每一种自然欲望都倾向于善而非倾向于恶，所以水的目的并不是要熄灭火，这是恶的，而是要传播水自身，这才是善的。如果水不毁灭火也可以达到这一目的的话，它肯定不会熄灭火。

同样的原则也适用于其余那些看起来似乎是互相对立或敌视的事物。绵羊并不憎恨狼的生活及其形式，它只是惧怕自己的毁灭，有时候这会由狼造成。狼也不是出于对绵羊的恨而杀害并吞食它，而是出于对自己的爱。人也不会憎恨他人，他只是憎恨人的恶习。我们也不是出于憎恨而嫉妒强壮之人或聪慧之人的禀赋，我们只是出于对自身的惦念，唯恐自己完全屈从于他们。因此，没有什么能阻止爱存在于万有之中并且渗透于万有之中。

---

① ［英本］这里指物理世界。

所以，让我们毫不存疑地敬畏这位伟大的神，因为祂无处不在，祂充斥于万有的内在，像一位我们无法摆脱其统治的强大神明，又像一位使我们的思想无处遁形的睿智法官。因为祂是万有的创造者和护持者，所以让我们把祂尊崇为父亲，把祂尊崇为保护者和避难所。因为祂在艺术的各领域中引导我们，所以让我们把祂视作导师并跟从祂。因为有祂作为创造者我们才存在和生活。通过祂这位护持者我们才恒久繁衍。有祂作为保护者和法官我们才受到统领。有祂作为导师我们才得到教诲和训练从而幸福美满地生活。

第四篇谈话

第一章
描述柏拉图关于人类
古老本性的文本

伴随着上面这些话语,我们亲密的朋友结束了他的演讲。紧接在他之后的是克里斯托弗勒·兰蒂诺,这位饱学之士,被我们这个时代的大多数人视作一位俄尔甫斯和柏拉图式的诗人,他将阐释阿里斯托芬隐晦而有密切关联的观点,内容如下:

尽管乔万尼·卡瓦坎提通过仔细的辩论,已让我们免于离题太远,然而阿里斯托芬的观点,由于其语言的隐晦,仍然需要进一步解释和阐发。

阿里斯托芬说,相较于其他神明,爱神对于人类尤其仁慈(beneficus),祂是人类的看守人(curator)、保护者(tutor)和治疗师(medicus)。首先,我们必须留心人类从前的本性是什么样的,它先前的情状(passiones)①是怎样的。它从前和现在不光不一样,而且截然不同。最初,人类有三种性别,不像现在这样只有两种,即男性和女性,而是还有第三种性别,它由前两种性别组成。而且,每个人的外形是完整的、全面的,前面、后

---

① 后来英文中的 passion 一词来自这里的 passio。passio 原本是遭遇、际遇、忍耐的意思,也有情欲的意思,这里其实是讲人性之前的情感和精神状态,因此中译取"情状"表示一种综合"状态"。

面和侧面形成一个圆周，每个人都有四只手和相应数目的腿，同样有两张脸接合在同一个脖子上，并且它们长得一模一样。男性由太阳所生，女性由大地所生，双性则由月亮所生。他们都有着傲人的精神和强健的身体，所以他们企图同神明战斗并且上升至天界。为此朱庇特将他们每个人纵向切开，就像用发丝切开熟鸡蛋那样，将一个人变为两个人。并且他还威胁说，如果再看到他们被骄傲冲昏而对抗神明，还会用同样的方式将他们切开。当人类的本性被如此分开之后，每个"半人"都渴慕着他的另一半。所以，他们奔向彼此，向彼此张开双臂并拥抱对方，试图回归到以前的状态。因此，如果上帝不补充一种交媾的手段的话，他们将死于饥渴和缺乏活力。

因此，相互的爱是人类固有的，它是对人类原初本性的安抚，力图将人合二为一并且治愈人的本性。由于我们每个人都是半个，就像那些被叫作"比目鱼"（pseta）①和"鲷鱼"（aurate）②的被切开了一样，从一个变成了两个。但是，每个一半都在寻求他的另一半。所以当他自己这一半遇上另外某个一半时，他可能会很渴慕性交，他被强烈地激发着，出于炽烈的爱而紧紧依偎另一半，一刻也不愿意离开。因此，这种想要恢复为一个整体的欲求和渴望就赢得了爱的名号。现在这对我们很有助益，

---

① 据法、德、意译文即比目鱼，又称鲽鱼。《尔雅》中说"东方有比目鱼焉，不比不行，其名谓之鲽"。巧合的是中国古代比目鱼也是象征忠贞爱情的奇鱼，古人曾留下了不少吟颂比目鱼的佳句，比如"凤凰双栖鱼比目""得成比目何辞死，愿作鸳鸯不羡仙"等等。清代著名戏剧家李渔曾著有一部描写才子佳人爱情故事的剧本，名字就叫《比目鱼》。

② 法、德、意译本译为"金鲷"（dorades），按原文看也可能是金黄色淡水鲑鱼，英译本直接译为"金鱼"，取其颜色避其实指，倒也不伤文意。但按照德本注释，这是一种传说中切开后仍能生存的鱼。

它将我们每个人都引向从前缺失的另一半；而将来它会激发出我们虔诚敬拜上帝的至高祈愿，并且通过将我们恢复到从前的状态愈合我们，祂将使我们获得至福。

第二章
解释柏拉图关于人类
古老形象的观点

在阿里斯托芬所说的这些事情以及其他诸如奇迹或征兆等事情背后，就如同在某种面纱背后一样，肯定有着某些神圣的秘密。因为古代神学家常常将他们神圣而纯洁的秘密隐藏在隐喻的阴影之中，以免它们被那些渎神者和不洁的人所玷污。但是我们认为，在上文（及其他地方）所用的形象描摹（figurarum）中所描述的全部事情并不都是确有所指的。因为甚至就连奥勒留·奥古斯丁（Aurelius Augustinus）也说过，并不是所有通过形象描摹来表现的事情都必须被认为是有所意指的。许多事情之所以被添加，是出于顺序和连接的需要，是为那些有所意指的段落服务的。只有用犁才能翻动大地，但是为了达到这一目的，还需要在犁上面加些其他部分。所以，对于需要我们做出解释的内容，总结如下：

> 人类起初有三种性别：男性、女性和混合性，他们分别是太阳、大地和月亮的孩子。他们是完整的。但是出于骄傲，他们想要与上帝齐平，于是被切割为两半；如果他

们再次骄傲，他们还会被再次切成两半。当形成这种分离之后，爱驱使其中一半被另一半吸引，以便能恢复其完整性。一旦达成，人类这个族群便是有福的了。

而我们所做的阐释，其内容总结如下：

人类，即人的灵魂。起初，即当上帝创造出他们的时候，是完整的，他们被赋予两种光亮，一种是内在固有的，一种是从外面注入的，以使他们能够通过内在的光亮来理解低级事物和同等事物，并通过注入的光亮来理解高级事物。他们想要与上帝齐平。因而他们只将自身转向内在的光亮。于是被切割为两半。当他们仅仅转向内在的光亮时，他们便失去了自外面注入的光芒，于是他们立即堕入形体。如果他们再次骄傲，他们还会被再次切成两半。也就是说，如果他们过度相信自然力量，那么原有内在的、自然的光亮将多多少少被熄灭一些。他们有三种性别：男性，太阳的孩子；女性，大地的孩子；混合性，月亮的孩子。其中一些人从上帝的光辉中领受到勇气，是为男性；另一些领受到节制，是为女性；还有一些领受到正义，是为混合性。在我们之中的这三种德性是上帝所拥有的另外三种德性的女儿。但这三种德性在上帝那里被称作太阳、大地和月亮；在我们之中则被称作男性、女性和混合性。当形成这种分离之后，爱驱使其中一半被另一半吸引。当被分裂开来、沉浸于身体之中的灵魂们第一次到达青春期时，自然的和内在的光亮激发了他们，他们保留着这些光亮，像是通过他们自身的一半，去学习真理，重获那自外注入的神圣光亮，那曾是他们自身的另一半,他们曾在堕落中失去了它。一旦重获了这种光亮,他们将成为完整的,而且蒙福获得上帝的眼力(visione)。这便是对我们所做阐发的简要概括。

第三章
人就是灵魂本身,而灵魂是不朽的

由于形体由质料(materia)和量(quantitate)所组成,因其有质料而得以被接收,因其有量而能被分割或延展,又由于接收和分割都是被动的体验,结论就是,形体天生只能屈从于被动的经验和腐朽。即便某些行动似乎适宜于形体,然而形体并不是由于它作为形体而行动的,而是由于在它之内或多或少有某种非物质的力量和某种属性,就像是火中的热或存在于水的冷,或是我们身体之中的内在联系(complexio)。① 形体的运行正是自这些属性而起。火之所以燃烧,并不是因为它的长度、宽度或深度,而是因为它的热。同样地,一场火并不会因为它扩散得更广才燃烧得更旺——相反,也不会因为它被驱散而燃烧得更弱,而是由于它更热才烧得更旺。由于形体的行动通过力量和属性才能产生,又由于力量和属性并非由质料和量所组成,尽管它们存在于质料和量之中,所以可以得出,被动是关乎形体的,而行动则关乎某种非物质的东西。当然,这些力量是形体运行的工具,但它们本身绝不足以运行,因为它们不足以存在。

---

① 这里的内在联系是指身体作为质料,其内部的相互联系需要一种力量来支撑和作用,身体各部分的配合,包括各部分组成的安排,都表现出这种内在联系,因此后文点明是灵魂给予这种联系以属性和力量。

那些存在于其他事物之中，并且不能维持自身的事物显然是要依赖其他事物的。故而，由于属性是必须要由形体来维持的，所以它们由某种更高级的材质所构成和主宰着，这种材质既不是某种形体，也不存在于形体之中。这种高级的材质就是灵魂，尽管它存留于形体之中并由其体现，但它可以维持自身，并且赋予身体以内在联系的属性和力量；通过它们，就如同通过身体器官一样，灵魂得以在身体之中并通过身体实现各种各样的运作。

因此，据说人类能够繁殖、养育、成长，能跑能坐，能站立，能说话，能制造艺术品，能感觉，还能理解。但是这些事情都是灵魂本身所做的。因此，灵魂才是人类。如果我们说是人在繁殖、成长和养育，那么作为身体的父亲和创造者的灵魂，则生育、喂养和培育。如果是人在站立、坐下和说话，那么灵魂则支持着身体的各个部分弯曲和振动。如果是人在行动或奔跑，那么灵魂则让臂伸出，并随意摆弄它们，或是使双脚移动。如果是人在感知，那么灵魂则将感官当作工具，正如通过门窗一般，把握外界的形体。如果是人在理解，那么灵魂本身不依助于任意形体工具，便能达至真理。因此，人类能做的一切事情都是灵魂本身所做，身体仅仅是承受。故而人只是灵魂，身体仅仅是人的作品和工具。尤其还因为灵魂能实施身体最重要的一种作用，即理智，它不需借助任何形体的工具，因为它通过理智来理解非物质的事物，而通过身体则只能了解到物质性的事物。所以，如果灵魂通过自身来做任何事情，那么它肯定是独立存在(est)和生活(vivit)的，因为任何不借助形体运行的事物都是不借助形体而存活的。如果它独自存在，那么便有某种恰当的存在适宜于它，一种不同于形体的存在，因此，灵魂可以将"人"看作适合它自身的称号，它独立于形体的材质之外。由于我们当中的每一个，一生无论处在哪个年纪都被称作"人"，所以很显然这一名称似乎意味着某种保持固定的东西。身体是永远处于变动之中的，它随着成长而改变，萎缩，持续地蜕变，融解（liquefactione）并且改变着热度和冷度。而灵魂则一直保持不变，它对于真理的追求清楚地向我们证明了这一点，还有它永远不变的向善意愿以及它对于记忆的牢固保存。那么有谁会如此愚昧，以至于将"人"这一我们的固定称号归给身体这种一直处于流转和随处发生变化的东西，而不是归给最稳定的灵魂呢？因此，我们可以清楚地看到，当阿里斯托芬谈到人时，他是用一种柏拉图式的方式意指我们的灵魂。

第四章
灵魂被造之时被赋予两种光亮
及灵魂为何要降于形体之中

　　一旦灵魂由上帝创生，它便立即出于某种自然本能而转向祂，将祂作为自身的父亲，就如同在大地上由某种高级事物的力量所创造出来的火会立即出于一种自然冲动而转向这种高级事物一样。当灵魂转向祂之后，便被祂的光芒照耀着。但是，在灵魂的材质之中接受的第一种光芒，原先在它自身之中是无定形的，它逐渐暗淡，随着灵魂的能力而变化，并逐渐变得自然，适合于它。由于第一种光与灵魂是同级事物，所以灵魂可以通过它看到自身和比它低级的事物，即所有形体，它无法看见上帝或是比它高级的事物。但是不久后，当灵魂通过第一种光渐渐接近上帝后，它便接收到第二种更明亮的光，通过这种光它便能认识天界的事物。所以，灵魂具有双重光亮。一种是自然的或天生的，另一种是神圣的或注入的。有了这两种结合在一起的光，就如同拥有一双翅膀一样，灵魂便能飞过天界。如果它一直使用那神圣的光，它便一直靠近着神圣的事物，那大地上便不再有理性的动物了。

　　但是，神圣的恩典却下令，灵魂必须成为自身的情妇，它必须能有时候使用两种光亮，有时候则只使用其中一种。因此，灵魂有时候在自然的引导之下，转向了自身的光亮，忽视了神圣的光亮，它关注自身，关注自身拥有的那种照看形体之创造的力量，并且它想要实施这些力量，以便制造出形体。灵魂被这种欲求拖累了，正如他们所说，它降身于形体之中，在此它运用着自身繁殖、运动、感觉的力量，它的存在装点了大地——世界的最低界域。这一界域不应该缺乏理智，以便让世界上任何一个地方都不缺乏理性动物的存在，正如其创造者一样，世界按祂的形象而被造，祂是全然的理性。但是，当我们的灵魂忽视那神圣的光亮，只使用它自身的光亮并开始自满时，它便堕入形体之中。只有上帝，祂无所不包，在祂之上再无一物，只有祂对自身是满意的，只有祂是自足的。因此，当灵魂只想满足于自身，就如同它能够丝毫不亚于上帝般自足时，它便是想让自身与上帝齐平。

第五章
灵魂回归上帝的几种途径

阿里斯托芬说，灵魂初生时是完整的，这种骄傲显然是灵魂被分裂的原因，也即它初生时有一对孪生的光亮，但随后它使用其中一种而忽略了另一种：陷入身体的深渊，就如同陷于忘河中一般，暂时忘记了自己。它被感官和肉欲所控制，就如同被侍卫和暴君（satellitibus et tyranno）所控制一样。但当身体日渐成熟，感官得到净化，再加上学习的作用，灵魂会稍稍苏醒。此时自然的光亮向外照射着，并寻求着自然事物的秩序。通过这种检寻，灵魂感知到自然世界这个庞大的器械有一位建造者。于是它想要看见和享有（cupit et possidere）祂，但只能通过神圣的光耀（divino splendore）才能感知祂。因此，灵魂的理智被强烈地刺激着，被它自身的光亮驱使着，想要恢复神圣的光亮。这种驱使和热望是真正的爱，在它的引导之下，人的一半渴慕着其自身的另一半，因为作为灵魂一半的自然光亮，想要在灵魂之中再次唤起那神圣的光亮，它是之前被忽略了的、作为同一灵魂之另一半的光亮。这就是柏拉图在给狄奥尼修斯的信中所说的，人类灵魂想要通过观察与它自身相关的那些事物，来理解神圣事物。①

然而,当上帝将自身的光注入灵魂时,祂让这光首先做到这点:它可以引导人类通往福乐,这福乐就在于享有上帝。我们被四种德性引领着:明智(prudentia)、勇气(fortitudine)、正义(iustitia)和节制(temperantia)。明智首先向我们展示了福乐,其余三种德性,就像三条大道,引领我们通往福乐。为了达到这一目的,上帝在不同的灵魂中以不同的方式调适祂的光芒,以使有些灵魂在明智的引领之下,通过勇气的作用再次寻找到它的创造者,有些则通过正义的作用,而另外一些则通过节制的作用。幸亏有这一禀赋,有些人为了崇拜上帝(pro dei cultu),为了荣耀(pro honesto),或是为了祖国(pro patria),而用一颗勇敢的心去承受危险和死难。另一些人则正义地安排生活,他们既不伤害别人,也尽可能地不允许别人去伤害。还有一些人则通过守夜祷告、禁食和劳作来控制欲望。这些人当然是在三条大道上前行,但他们都努力达到明智展示给他们的同一福乐境地。

相应地,这三种德性也包含于上帝自身的明智之中。人类灵魂急切地渴慕它们,希求通过运用而获得它们,然后紧紧地靠向它们并永远享有它们。人类的勇气我们将其称作男性,因其坚强和果敢。我们将节制称作女性,因其对欲望的抑制和冷静及温柔的本性。我们将正义称作混合性:它是女性,因为它不会伤害任何人;但它又是男性,因为它不允许他人去伤害,并且严惩那些邪恶的人。由于男性宜于给予,女性宜于接收,

---

① [英本]柏拉图:《第二封信》,312e,参见上文第二次谈话第四章。

因此我们把太阳称作男性，因其并不接受他物的光芒却将自己的光芒给予万物。月亮既接收又给予——它从太阳那接收，又给予各元素，故我们将其称作混合性。而大地，由于它只接收而不给予，我们将其称作女性。所以，男性、混合性和女性这三个名称就恰当地指示着太阳、月亮、大地和勇气、正义、节制。为了给予上帝更好的称谓，我们把这些在祂之中的德性唤作太阳、月亮和大地；而在我们自身之中的则叫作男性、混合性和女性。那些在出生之时就被注入了上帝的太阳所发出的神圣之光，并且具备勇气这一本性的人们，我们就说他们被赋予了一种男性的光。那些被注入上帝的月亮之光，并具备正义这一本性的人们，则被赋予了一种混合性的光。而那些被注入上帝的大地之光，具备节制这一本性的人，被赋予了一种女性的光。一旦转向自然的光，我们就忽略了那注入我们的神圣光芒。所以，我们轻蔑其中一种，而保留了另一种。我们保留了自身的一半，却失去了另一半。但是，到了一定的年纪，为自然的光所驱迫，我们将全都渴慕神圣的光；我们各不相同地通过不同的方式来获得它：一些人通过勇气，即那些从上帝的勇气中获得了勇气之光的人，另一些人通过正义，同样有些则通过节制。最后，每个人都寻求自身的另一半，如同当初他所接收的一样；一些人通过上帝的男性之光，这曾经失去现在又重获的光，想要享有上帝男性气质的勇气；另一些人通过混合性的光享有混合性的德性；同样还有一些人通过女性之光享有女性的德性。

这些人实际上获得了很丰厚的回报，在他们成熟之时，他们的自然之光在他们内里向外照耀,他们断定自然的光是不足以评判神圣事物的,以免依凭自然之光的标准,他们将灵魂和身体的激情归于神圣权柄(divinum affectamus),并认为这神圣权柄并不高于灵魂和身体。据说许多人正是在这一点上犯了错。一些人在他们对神圣事物的追察中只相信自然的力量。他们要么说上帝不存在,如蒂亚戈哈斯[1];要么对此置疑,如普罗塔戈拉(Protagoras);要么将上帝判定为一种形体的存在,如伊壁鸠鲁主义者、斯多葛派和昔勒尼派及其他许多人;要么说上帝是一种灵魂,如马库斯·瓦罗(Marcus Varro)和马库斯·玛尼路[2]及其他一些人。这些人对神不虔敬,他们不仅无法重获他们之前所忽略的神圣之光,而且还因滥用而损坏了自然之光。正确的看法是,那被损坏者就是被打破和分离的。因此正如阿里斯托芬所说,那些骄傲的、自大自满的、只相信自身力量的人的灵魂又再次被分裂,他们保留的自然之光甚至也被错误认识蒙昧、为邪恶习性熄灭。所以,那些认识到自然之光是残缺的、不完整的人,认为自然之光多少只足以判定自然事物的人们,才合宜地使用了自然之光。他们认为自己需要一种更高级的光来认识高于自然的事物,于是他们做好准备,对灵魂做了彻底的净化,以使神圣的光再次照耀他们,借由那光芒他们将正确地评判上帝,并重获最初的整全。

---

[1] 米洛斯的蒂亚戈哈斯(Diagoras de Melos),公元前 5 世纪一位希腊诗人和智者。他被广泛地认为是个无神论者。对于其生平和信仰知之甚少。他反对希腊宗教,批评埃莱乌西斯(Eleusis)的神秘宗教。雅典人批评他不虔诚,因而他被迫逃走,死在科林斯。

[2] 马库斯·玛尼路(Marcus Manilius,公元 1 世纪),是罗马诗人、占星家,据说是五卷本诗歌《星象》(*Astronomica*)的作者。

第六章
爱引领灵魂回归天堂；
祂分配福的等级；
祂赐予永久的欢乐

  各位良朋贵宾，不论做出何种牺牲，都要让这位神赐福于你，阿里斯托芬说祂对于人类尤其仁慈，高于其他任何神明。用虔诚的祷词祈求祂，用你的全心拥抱祂。通过祂的仁慈，祂首先引领灵魂来到天堂的桌旁，上面盛满美味佳肴和玉液琼浆；然后祂指派给每个灵魂一个座位；最后祂使他们永远甜蜜地留在那里。除了那些使天堂之王(celorum regi)感到喜悦的人，再没有谁能回到天堂。他们使祂喜悦，他们非常爱祂。当然，想在这世上真正地认识(cognoscere)祂是完全不可能的。无论你是如何理解祂的，真正地去爱祂却不仅可能而且简单。那些认识上帝的人并不使祂喜悦，除非当他们认识祂时也爱着祂。那些认识上帝也爱上帝的人，上帝也爱他们，这不是因为他们认识祂，而是因为他们爱祂。我们并不会用爱拥抱那些认识我们的人，我们只会拥抱那些爱我们的人。许多认识我们的人，我们将其视为敌人。因此让我们重回天堂的不是对上帝的认知，而是爱(quod ergo nos celo restituit, non dei cognitio est, sed amor)。

第六章　爱引领灵魂回归天堂；祂分配福的等级；……

此外，在天堂之桌的宴席上，列位的顺序相应于这些爱者们的不同等级。那些更为出色地爱上帝的人们将在那里享有更好的款待。当然，那些通过勇气的施用（opera）来敬拜上帝之勇气的人们，将享有这种勇气。那些敬拜正义的，享有正义。同样地，那些敬拜节制的，享有节制。所以，根据不同灵魂之爱表现出的欢喜（raptu）的不同，他们会享有神圣思想（divine mentis）不同的理念和理性（rationibus）。但是他们都享有完整的上帝，因为祂在所有理念中都是完整的。那些以更卓越的理念感知上帝的人，将更出色地拥有完整的上帝。然而，每个人都拥有上帝的一种德性，即他［在生命中］所爱的那种德性。由于正如柏拉图在《斐德若》中所说，嫉妒（livor）离神圣的合唱队（divino choro）相去甚远，而最令人愉悦的事情莫过于得到所爱之物，所以任何拥有了他所爱之物的人，都满意而知足地活着，因此，如果两个情人都被他们心灵的欲求控制，那么其中每个人都将会因拥有他爱的人而感到满足，并且不会担心其他人是否拥有更美丽的爱人。所以通过爱的仁慈产生的情形就是，在不同程度的福乐中，每个人都满足于自己所得，而不会心存嫉妒。

灵魂们也会永久地享有相同的款待而不觉腻烦。因为无论是佳肴还是美酒都无法满足宾客，除非饥饿和干渴诱使他们进食，并且只有有食欲时快感才会存在。然而，谁会否认渴欲（aviditatem）也是一种爱呢？因此，永恒的爱一直吸引灵魂趋向上帝，祂使灵魂永远能将上帝作为一种新的景象来欣赏。同一种上帝的善好（bonitas）也让爱者享有福乐（beatum），它一直在灵魂中点燃着这种爱。

简要总结一下,我们应当赞美爱的三种益处(beneficia):其一,使原先被分裂的我们重获整全,借此祂引领我们回归天堂;其二,祂指派给每个灵魂一个属于它的座位,并且使所有人都对这一分配心满意足;其三,祂通过自身的某种爱根除所有嫌恶(fastidio),祂源源不断地在灵魂中重又燃起光亮,使它获赐可爱(blanda)而甘美(dulci)的果实。

第五篇谈话

第一章
爱是最蒙福的，因为祂既美且善

卡洛·玛苏皮尼，这位可爱的、缪斯的学生，紧接着诗人兰蒂诺之后，开始讲解阿伽通的演讲。我们的阿伽通认为，爱是最神圣的神，因为祂是最美、最善的。究竟是什么使其如此，为什么祂是最美的，祂为什么又是最善的呢？对此阿伽通仔细地进行了举证。当他论证这些时，还亲自对爱做了描述。最后，在他说明了什么是爱之后，又历数了祂赐予了人类哪些益处。那就是对他所做论辩的总结。对于我们来说，重要的是首先要弄清为什么阿伽通要证明爱是神圣的就说祂是美和善的，或者说，在美与善之间存在什么差异。

柏拉图在《斐勒布》中说，蒙福者就是那毫无缺欠者（nihil deest）。就是说每一部分都是完满的。而完满性又分内在的和外在的。我们把内在的完满称作善，外在的完满称作美。因此，那完全是善和美的，我们将祂称作蒙福者，因其"每一部分都是完满的"。我们能在万有之中观察到这种区分。正如自然哲学家们所说，在珍稀的石头中，四种元素内在地、很温和地相结合，并产生出一种外在的火花。而且，正是香草和树木根茎中的内在繁殖力催生了它们最诱人的花朵和枝叶。在动物中，一种健康的心绪、性情产生了外表悦目的线条和色彩。同样地，灵魂中的德性似乎在语词、姿态和行为中展示出某种特别高尚的美。诸天（Celos）及其壮美的实体（substantia）也沐浴在一种异常灿烂的光亮之中。在所有这些事物里，内在的完满产生出外在的完满。我们可以把前者称作善，把后者称作美。因此，我们说美是善开出的花朵，而正是通过这些花朵的美丽，如同通过某种诱饵，内在隐藏的善才得以吸引注目者。然而，由于我们理智的认知力源于感官，所以如果不被外在美的可视形象所吸引的话，我们就永不能认识到也永不会渴慕隐藏于万有内里的善本身。这点可以在美真实而非凡的益处中和其同伴"爱"中看得很明显。

通过上述这些，我想已经充分证明了在善与美之间存在的差别，就如同种子与花朵之间的差别，正如植物的花朵本源自种子，而它们自身又产生出种子一样，美作为善的花朵源于善，又能将爱人们引向善。这就是我们这位英雄在上面充分论证的。

第二章
爱是如何被描绘的，爱又是通过灵魂的哪些部分得以被认知和被产生的

在此之后，阿伽通更为细致地列举了这位神明美丽的外表需要具备哪些特征。他说，爱年轻（iuvenis）、温和（tener）、灵敏（agilis）、匀称（concinnus）而又光彩照人（nitidus）。然而，我们必须首先询问，这些品质如何促成了美，然后还要问，当这些品质被用于这位神明时，应当如何对其进行阐释。

人类同时拥有理性和感性。理性通过自身能理解万物之精神性的理性。而感性，通过身体的五个器官，能感知形体的形象和特质：通过眼睛感知色彩，通过耳朵感知声音，通过鼻子感知气味，通过舌头感知味道，通过神经（nervos）感知诸如热、冷等基本元素所具有的简单特质。因此，就我们所面对的问题而言，灵魂的六种能力是与认知相称的：理性（ratio）、视觉（visus）、听觉（auditus）、嗅觉（olfatus）、味觉（gustus）和触觉（tactus）。理性被指派到至高的神性；视觉被指派给火，听觉被指派给气，嗅觉被指派给蒸汽，味觉被指派给水，触觉被指派给土地。理性探究天界的事物，它在身体的任何部位之中都不占有

一席之地，正如同神性在世界的任何部分之中都不占有一席之地一样。视觉居于身体中最高的部位，正如同火处于世界中最高的区域一样，视觉的天性是感知光，而光正是火的特征。就像纯粹的气是紧随于火之后的，听觉亦紧随于视觉之后，它把握声音，而声音不仅源起于空气的爆破，还以空气为介质得以传入耳朵中。嗅觉被指派给水气，而蒸汽是由水与气构成的，由于嗅觉处于耳朵与舌头之间，正如同通过气与水，它很容易把握并且深深领受那由气与水混合而成的蒸汽，比如那些对于鼻子来说十分甜美的草木、花朵和水果的香气。谁会怀疑将味觉与水的流动相比拟呢？因为味觉紧跟着嗅觉，如同水紧随较为厚密的空气一样，并且，正是浸润在唾液持续的流动中，它才从饮品和润滑的口味中得到最为强烈的满足。同样地，谁又会怀疑将触觉指派给土呢？因为它通过身体中所有土性的部位而得以存在，并在神经中得以完整，神经是十分土性的，它轻易地触及拥有固态和重量的事物，而这不正是土赋予形体的特质吗？

因此，实际上，触觉、味觉和嗅觉只感知那些离它们非常近的事物，并且在其感知的过程中十分辛苦，尽管嗅觉似乎能比触觉和味觉察觉到更远一些的事物。但相反地，听觉能感知十分遥远的事物，并且不会有所损伤。视觉能看得更远，并且在耳朵听到时它已经立刻及时地看见了。因为先看到闪电，后听到雷声。理性可以感知最为遥远的事物。因为它不仅感知那些处于世界之中的现存事物，如同感官所做的那样，它还能感知那些天界的、过去的或未来的事物。

从上述事情中，每个人都可以看到，在灵魂的六种能力之中，有三种能力（触觉、味觉和嗅觉）相称于身体和物质，而另外三种（理性、视觉和听觉）则相称于精神。因此，那更倾向于身体的三种能力便更多地附和身体而非灵魂。而这些能力所感知的事物，由于它们打动着与它们相一致的身体，便很少能触及灵魂，它们几乎无法取悦灵魂，因为它们与灵魂一点也不相像。然而，那三种更高级的能力，它们与物质相距甚远，它们更多地附和灵魂，而它们所感知的事物很少能打动身体，但却很能打动灵魂。当然，气味、口味和热量等等，它们既不会对身体造成很大伤害，也没有很大助益，而灵魂既不十分渴慕它们也不谴责它们，灵魂仅仅适度地需求它们。另一方面，精神性真理的理性、色彩、形状和声音要么根本无法打动身体，要么很难或几乎无法打动它。但它们却很能锐化灵魂用于探索的利刃，并能将其欲求吸引到自身上来。

真理是灵魂的食粮。眼睛十分有助于找到它，而耳朵有助于学习它。因此，那些相称于理性、视觉和听觉的事物，灵魂因为自身而渴慕它们，视其为适宜的食粮。但是，那些打动其余三种感官的事物对于身体来说更为必要，无论是出于营养、舒适还是繁殖的目的。故而，灵魂寻求这些事物，并不是为了它自身，而是为了其他的目的，即为了身体。然而，据说我们爱的是为自身的缘故而渴慕的那些事物，而非那些我们出于其他原因才渴慕的事物。因此，我们可以正确地说，爱只相称于知识、形状和声音。并且因此，爱只相称于在这三者（灵魂的德性、形状和声音）之中的优雅（gratia），因为它最能触动灵魂，它被称作κάλλος，意思是"触动"，它由καλέω（指"我触动"）而来。但是，希腊语中的κάλλος在拉丁语中意谓 pulchritudo。

令我们愉悦的确实是灵魂真实而出色的习性，是美的形体的形状之中所具有的愉悦，是和谐的声音中所具有的愉悦。由于灵魂重视这三者，将其视作与自身相关并且在某种程度上是非物质性的，比起其余三种能力，灵魂更为重视这三种，所以它自然会更急切地寻求它们，更热烈地拥抱它们，更深刻地渴慕它们。这种优雅，不论出自德性、形状或声音，它通过理性、视觉或听觉将灵魂召唤向自身并将其俘获，它应最为恰当地被称作"美"。并且，这三者就是俄尔甫斯所说的那三位美惠女神：

阿格拉依亚、塔利亚和富饶的欧佛洛绪涅（Ἀγλαΐη τε Θάλεια καὶ Εὐφροσύνη πολύολβε），

即光耀、鲜活和澎湃的悦动（Splendor, Viriditas, Letitiaque uberima）。①

灵魂的优雅和美存在于真理与德性的光明之中，被他称作光耀。形状和色彩中的乐趣被他称作鲜活，因为这种乐趣在青春的葱翠（iuventutis viriditate）之中最为繁茂。最后，我们在音乐旋律中所感受到的那种纯粹、有力而持久的愉悦，他称其为悦动。

---

① ［英本］俄尔甫斯：《颂歌》，60（"美惠女神"，3）。

第三章
美是非物质性的

由于这些事实如此,那么美必定是德性、形状和声音三者所共有的某种东西。因为我们显然不能以同一种方式称这三者是美的,除非在这三者之中都显现出关于美的唯一定义。因此,事实是,美的理性本身不可能是一种物质,因为如果美是物质性的,那么它就无法适用于灵魂的德性,德性是非物质性的。美不可能是一种物质,这不仅是指灵魂的德性之中的美不可能是物质的,而且形体与声音之中的美也不可能是物质的。尽管我们称某些形体是美的,但它们依据自身的质料的德性来说,却不是美的。一个人的同一个形体可能今天是俊美的,但明天经过某种不幸的毁容,就会变丑,就像形体是一回事,而俊美是另一回事。形体也不是因其数量而成为美的,因为有些高的形体看起来美,有些矮的形体看起来也美;而时常有些大的形体看起来丑,小的看起来迷人;或是相反,小的很丑,大的却很俊朗。有时候又会出现这样的情况:有些大的形体和小的形体一样美。所以,如果说尽管数量仍然保持原样,美却被某种不幸改变了,或是相反,尽管数量改变了,美却还是那样美,或是大的事物与小的事物看起来一样美,那么很显然,美与数量这两样事物肯定是完全不同的。

然而，尽管某些形体的美在某种意义上是物质的，但就其形体的密度（crassitudine quodammodo）来说，它却无法通过其物质的存在来取悦观赏者。任何人的美让灵魂感到愉悦，不是因为它存在于外在的质料之中，而是因为它是灵魂通过视觉所理解或把握的一种形象。无论是在视觉中还是在灵魂中，这种形象都不可能是一个物体，因为这两者都是非物质性的。如果视觉是以一种物质的方式来接收的话，它小小的瞳孔怎么能把握整个天堂？显然是不可能的。但精神以一种精神性的方式，在一种非物质性的形象中，便能在瞬间接收到一个形体的全部领域。灵魂只喜欢它所把握到的美。尽管这种美可能是关于外在形体的一种印象，但是它在灵魂之中却是非物质性的。因此，取悦灵魂的是一种非物质性的美。令人愉悦的，正是对人有吸引力的。那有吸引力的，便是美的。由此，爱是指某种非物质的东西，而美本身是关于一个事物的精神性印象，而非一种物质性的吸引。

然而有些人认为，美存在于所有部分的排列之中，或者用他们的术语来说，存在于对称和比例，以及色彩的调和之中。我们不同意这些人的观点，因为既然各部分的排列只存在于复合的事物之中，那么就没有任何简单的事物能是美的了。纯粹的色彩、光线、单一的声音、金子的光芒、银子的闪亮、知识、灵魂，这些事物都是简单的，我们却称之为美的，它们令我们感到如此愉悦，就像它们是真正"美的"一样。此外还有一个事实便是："比例"包含着一个复合体的所有部分，它不存在于单一的部分中，而是在全部之中。所以，单一的部分本身无法成为美的。然而整个结构的"比例"又源起于所有部分。这就会得出荒谬的结论,即本身不美的事物却产生了美。

这样的情况也经常发生:尽管各部分的比例和大小保持不变,但形体却不如以往令人愉悦。今天你身体的形状与去年相比当然是一样的,但其风采(gratia)仪态却不同。再没有什么比形状衰老得更慢的了。再没有什么比风采衰减得更快的了。因此,我们可以清晰地证明,美和形状不是同一回事。我们常常可以看见一个事物各个部分的排列和大小比起另一个事物来说更为合理,但是不知为什么,我们却判定另一个事物更为美丽,也更加喜爱它。因此,我们似乎应当足够警醒,应当认为美是某种不同于各部分的排列的东西。

出于同样的原因,我们也不应该认为美就是色彩(colores)的调和。色彩通常在年长的人身上更为明亮,但风采在年轻的人身上却更为突出。在同样的人①身上会出现这种情况:这个人在色彩上超过了那个人,但其风采和美却又输给了那个人。任何人也不敢断言美就是形状和色彩的某种结合。因为如果这样的话,无论知识或声音(它既没有形状也没有色彩)、色彩或光线(它们没有确定的形状)都无法被判定为是值得喜爱的。而且,任何人一旦得到了他想要的东西,他的欲望就会熄灭。饥饿和干渴当然可以被食品和饮品所满足。爱却无法被注视或拥抱一个身体所满足。因此,爱不会寻求身体的任何性质,它追寻美(nullam igitur naturam corporis ardet, pulchritudinem certe sectatur)。所以,美不可能是某种物质性的东西。

---

① [英本]指同龄人。

经由以上论证可以得出这样一个结论，对于那些被爱激发并且渴望美的人们来说，如果他们想要通过饮下液体来浇熄他们燃烧着的渴望，那么他们必须去别处寻求这激起他们渴望的美的甜蜜汁液，而不是在物质的河流里，或是在数量、形状或色彩的小溪里。哦，可怜的爱人们，你们最终会转向哪里呢？谁点燃了你心中熊熊的火焰？谁又能熄灭如此一场大火？这就是要做的工作，这就是要下的功夫（hoc opus, hic labor）。我随即将告诉你们，但要注意听。

第四章
美是神圣面容的光芒

这神圣的力量,超越于万有之上,一旦诸天使和众灵魂①从祂里面出生,祂便温柔地将自身的光芒注入它们,那是祂的产物,这光芒里有创生万有的丰饶(fecunda)能量。这便将整个世界的排列和秩序更精准地铭刻于它们②之中,因为相较于世界③的质料来说,它们离祂更近。因此,我们[首先在眼中]所看到的世界全景,在天使和灵魂之中显现得更分明。在它们之中有一幅涵盖各个领域的图像(pictura),有太阳、月亮、星星、元素、石头、树木及飞禽走兽。在天使之中的这些图像被柏拉图主义者们称作原型或理念(exemplaria et idee),在灵魂之中的图像则被称作理性或概念(rationes et notiones),而在质料世界之中的则被称作形式或印象(forme atque imagines)。这些图像在世界中是清晰的(clare),在灵魂中更为清晰,而在天使思想中则最清晰。因此,上帝的面容依次在三面镜子之中闪耀着,它们按顺序排列依次是:天使、灵魂、形体世界。由于天使离上帝更近,所以上帝在天使之中的形象最清晰。排在第二的灵魂稍远

---

① [英本]指天使的思想和世界灵魂。
② [英本]指光芒印刻在天使的思想和世界灵魂中。
③ [英本]指形体世界。

一点，所以上帝在它之中的形象模糊一点。而排在最后的世界，由于离上帝最远，所以相比起来，上帝在它之中的形象最暗淡。神圣的天使思想，由于没有形体束缚的阻碍，故而转向自身。于是它看到了上帝的面容印在自己胸口上。它立即仰慕自己所见，并永远热切地依恋它。那神圣面容的魅力我们称之为美。而天使内在地仰慕上帝面容的那种热切，我们称之为爱。

哦，同样的事也可能发生在我们身上！我们的灵魂被创造为由尘世形体所包围，它倾向于履行繁育的功能。由于被这种倾向所负累，灵魂忽视了心中隐藏的宝藏。被包围在尘世的身体中，灵魂在很长一段时间内都服务于身体之用。为此它常常适应于感官，同时也常常进行理性思考。因此，它有时没有注意到自身之中永恒闪耀的神圣面容的光芒，直到身体成熟了，理性被唤醒了，它才通过冥思开始思考在世界中闪耀着的、向双眸显现着的上帝面容。正是被这种冥思所引领，它才得以凝视自身之中闪耀着的上帝面容。既然父母的脸对于孩子来说是令人愉悦的，那么天父的脸必然也最令灵魂愉悦。这张脸的光芒和魅力——请容许我一再重复这一点——无论是在天使还是在灵魂之中，抑或是在世界的质料之中，都被称作普遍的美。而对这美的冲动则被称作普遍的爱。

毋庸置疑，这种美无论在哪里都是非物质性的。没有人会怀疑这点，即那美在天使和灵魂中并非形体。形体中的美也是非物质性的，除了我们在上文已论证过的以外，还可以大致通过如下事实来理解：眼睛除了太阳光以外，什么也看不见，因为形体的形状和颜色无法被看见，除非它们被光所照亮。它们本身是无法通过其质料而到达眼睛的。那么，它们要想被眼睛看见，似乎就必须进入眼睛之中。于是，太阳的一缕光线，印刻着所有被其照亮的形体的颜色和形状，展现在眼睛前。而眼睛，则在自身光线的帮助下，感知到了光线：它们不仅看到了光线本身，还看到了光线中所印刻的全部事物。因此，我们所看见的世界的整体秩序，并不是通过它存在于形体质料中的方式而被感知的，而是通过它存在于注入眼睛的光线中的方式而被感知的。由于在这样的光线中，它与质料是分离的，故而它必然没有形体。

从上文中我们还可以清楚地看到，光本身也不可能是一种形体，因为它瞬间便充斥整个的世界，从东到西，它可以无障碍地穿透空气和水的形体，并且当它与污浊的事物相混合时，它仍然不会被污染。上述这些都是与形体的属性不相符的。形体无法瞬间移动，它移动需要时间。形体也无法穿透另一个形体，除非损坏其中一方或是双方都损坏。并且，当两个形体混合在一起时，它们会彼此互相传染，比如当水与酒或火与土相混合时，我们就能看到这点。因此，由于太阳光是非物质性的，那么无论接收什么，它只能依照自身属性的方式进行接收。所以，它是以一种精神性的方式来接收形体的色彩和形状的。而且，当它被眼睛所接收时，它也以同样的方式被看见。因此，世界所有这一切的美是上帝的第三张脸，它通过非物质的阳光，作为非物质而向眼睛显现。

第五章
爱和恨是如何诞生的，美是非物质的

从上述所有中我们可以得出结论，神圣面容的魅力(gratia)被称为普遍的美，它不仅在天使和灵魂中是非物质性的，在眼睛所见中也是非物质性的。我们被倾慕之情所打动，我们不仅爱着作为整体的神圣面容，而且爱它的各个部分。这就是对于各种个别之美的特殊之爱的起源。于是，我们会被某个人所吸引，因为他是世界秩序的一部分，尤其是当神圣面容的火花在他之中明亮地闪耀时。这种情感出于两种原因。不仅是因为天父面容的样子令我们愉悦，而且还因为一个被精心创造出来的人，他的外表和轮廓与人类理性最为契合，这一理性是我们的灵魂从万有的创造者那里得到的，并且仍然保留着。因此，如果一个人的外在形象——这一形象被感官所接收并进入灵魂——与灵魂所具有的人类轮廓不一致，那么它瞬时便会令人不悦，并且会因其丑陋而为人所恨。如果这一形象与那种轮廓相一致，那么它便立即使人愉悦，并且会因为美而为人所爱。所以，有时候，我们遇到的一些人会瞬间让我们喜欢或是不悦，而我们往往不知道这些感觉的原因是什么。当然，由于灵魂完全服务于身体，因此它从未注意到自身之内的那些"形式"。但是，出于某种天然的和隐藏的(naturali et oculta)不一致或一致性

(incongruitate vel congruitate)，有时候，一个事物的外在形式，与其灵魂之中的"形式"所描绘的样子会相符或是不相符，于是，出于某种隐藏的反感或吸引，灵魂或是憎恨这个事物，或是喜爱这个事物。

那神圣力量在创造人类时，放置于天使和灵魂之中的那种模式，当然是完整的。然而，在世界的质料之中——它离造物者非常遥远，人类的构造(constitutio)从其自身的完美(integra)形象(figura)里堕落了。在得到较好处理的质料中，这种构造更类似于那种模型；而在其他质料中，则不甚相似。那更相似于这一模式的构造，遵照并符合于灵魂的理性，正如它遵照并符合上帝的力量和天使的理念一样。而灵魂赞同(probat)这种相符。美就存在于这种相符之中，而爱的感觉(affectus)则存在于这种赞同之中。由于理念和理性与形体的质料是疏离的(aliena)，而人类的构造之所以被判定为与它们相同，不是基于质料或数量，而是基于某种非物质的东西。因为人类构造类似于它们[1]，所以它与其相符；而由于与那些事物相符，人类构造才是美的。因此，形体与美是不相干的(iccirco diversa)。

如果有人问，形体的形式是如何能与灵魂及思想(animi mentisque)的形式和理性相似的，我将请他思考一下建筑师所造的建筑。一开始，建筑师在其灵魂中发展出一种关于建筑物的理性或理念。然后他建造出与他所构想的尽可能相似的房子。谁会否认房子是一种形体呢？谁又会否认它是依照建筑师所构想的非物质的理念而被建造的呢？如果它被判定为与建筑师所

---

[1] 指理念与理性。

设计的(iudicanda)相似，那么这肯定更多的是依据其非物质而不是其质料的设计。因此，如果可以的话，你去删除它的质料——你可以从精神上将其删除，只留下其设计。形体也好，质料也好，不会剩下任何东西给你。相反，由设计师所创造的设计，与留在设计师心中的设计完全是同一的。同样你也可以对人的身体做那样的事。你会发现，它的形式相符于灵魂的理性，它是单一的(simplicem)，与质料无关。

第六章
事物要成为美的需要哪些条件；
以及美是一种精神性的馈赠

最后，什么是形体的美呢？行为（actus）、活力（vivacitas）以及某种通过其自身理念的作用而在它自身之中闪耀着的魅力（或优雅）。这种光芒直到质料被恰当地准备好之前并不会衰退。为有生命的形体做准备，需要包含下列三种事物：排列（ordine）、比例（modo）、样态（spetie）。排列是指各部分之间的距离；比例指数量关系（quantitatem）；而样态则指的是形状和颜色。首先，形体各部分必须具有其天然的位置：耳朵要处于恰当的位置，眼睛和鼻子等也是如此；两只眼睛必须和鼻子保持相等的距离，同样，两只耳朵也必须和眼睛保持相等的距离。仅仅有排列上相等的距离是不够的，还要再加上各部分的比例。比例使得每一部分有合宜的大小，并维持整个形体的恰当均衡。于是，三个鼻子首尾相接即是整张脸的长度，两只耳朵的半弧连成一个圆，就是嘴张大的形状，眉毛连成的弧度也是如此；鼻子的长度与嘴唇的长度相称，也与耳朵的大小相称；两只眼睛的弧度加在一起等于嘴张开的弧度；八个头的长度就等于身躯的长度；而这一长度也与手臂到侧面的宽度，以及腿到脚的长度相称。

并且，我们认为，样态是必需的，以便利用线条及褶皱的艺术图画和色彩的光芒，来提升各部分之间的排列和比例。

尽管这三者存在于质料之中，但它们并不能成为形体的一部分。形体各部分的排列当然不是一个单独部分，因为排列存在于所有部分之中，而在所有部分之中是不存在一个单独部分的。此外，排列仅仅只是各部分之间的某种适当间隔。如果"间隔"（intervallum）不是指各部分之间的距离（distantiam），它又能指什么呢？最后，距离要么是一种无（nihil est），仅仅是绝对的虚空（vacuum prorsus），要么则是某种线条（linearum）的图画（tractus）。谁会将线条——它没有宽度也没有长度，而这正是形体所必需的——称为形体呢？同样地，比例并不是数量，而是数量的界限（terminus）。然而，界限是表层（superficies）、线条（linee）及点（puncta），由于它们不具有纵深的厚度（profunditatis crassitudine），因而不能被看作形体。至于样态，我们同样无法在质料中找到，它处于光（luminum）、影（umbrarum）和线条的令人愉悦的谐和（iocunda concordia）之中。

因此，很显然，美与形体是如此相异，以至它从不将自身授予质料，除非质料已被赋予了我们上文所说的三种非物质的准备要素。上述这些的根本（fundamentum）在于四种元素的适度结合（temperata complexio），以便使我们的形体能与天界相似，天界有着适度的本质（temperata substantia），它并不会反抗灵魂通过分泌过剩的体液（humorum excessu）对它的塑形（formatione）。这样一来，天界的光芒将在类似于它的形体里闪耀，而灵魂所具有的人类的完美形式，将更清晰地在安静而顺从的质料中显现出来。声音也几乎是以同样的方式获得自身之美的。声音的排列是指从低音符上升到八度音，然后又下降。其比例则是指从第三音阶渐进到第四、第五和第六音阶，以及从半音过渡到全音。其样态是指一个清晰音符的响亮程度。

通过上述三种方式，就如同通过某种元素，由许多部分组成的形体——譬如动植物或声音的组合——已经准备好要接受美了。然而，较简单的形体，比如四种基本元素、石头、金属或单一的声音，已经为美做好充分准备了，它们有内在的适度、丰富，并且清楚自己的天性。灵魂通过自身的性质也为美做好了准备，美不仅是一种精神（spiritus），而且是一面镜子，它靠近上帝，正如我们上文所说的，在镜中它映照着神圣面容的模样。因此，就如同不需要在金子中添加任何东西来使它看起来很美，而只需要去掉黏附于其上的尘污一般，灵魂也不需要被添加任何东西来成为美的，但是必须抛开它对形体的忧虑和担心，驱散它对欲望和恐惧的烦恼，这样一来，灵魂中天然的美就会立即闪耀起来。

最后，为使我的演讲不至于离题太远，让我们从上文所述中概括出一个简要结论：美是鲜活的、精神性的魅力（pulchritudinem esse gratiam quamdam vivacem et spiritalem），它通过上帝闪耀的光芒，首先注入天使之中，然后注入人类灵魂之中，最后注入形体的形状和声音之中；这种魅力通过理性、视觉和听觉来打动灵魂并令它愉悦；由于使其愉悦，这魅力便令灵魂着迷；因为使其着迷，这魅力便在灵魂中燃起熊熊的爱（inflammat amore）。

第七章
爱的画像

阿伽通，这位诗人，用一种古代诗人的方式，为这位神（爱）披上了人的外衣，并把祂描绘成颇具魅力者，就像人类一样：年轻（iuvenem）、温和（tenerum）、灵活或敏捷（flexibilem sive agilem）、匀称得恰到好处（apte compositum）、光彩照人（nitidum）。为什么这样呢？这些显然都是为美的本性的准备，而非美本身。这五个方面，前三个表示（significant）形体适度的性质（complexionem），这是首要的基础；而后两个标示（indicant）了排列、比例和样态。

物理学家们（physici）①已经论证了，一种适度的构造的标志，就在于温和的（tenere）肉体是柔软（lenem）、结实（firmam）而光滑（equalitatem）的。过热时，形体就会干燥而多毛；过冷时，皮肤就会僵硬；干燥过度时，皮肤就会生硬而粗糙；温润过度时，皮肤就会松弛、下垂、不均匀、疲惫。因此，形体如果光滑、结实并且柔和，就表明由四种体液组成的形体的构造是非常均衡的。这就是为什么阿伽通将爱称作细软（mollem）、精致（delicatum）和温和。

---

① 这里是直译，但要注意到古代的"物理学家"与现代的有很大不同，这里用"物理学家"取其汉语本意"究极事物之理"。英本译为"自然哲学家"，是为了强调这时的物理学家实际上是哲人。

第七章 爱的画像

为什么说祂是年轻的呢？因为不仅通过本性（nature）的，而且也经由岁月（etatis）的恩惠，祂都葆有着这种适度。随着时间的流逝，当体液中的精细成分渐渐消散，便只剩下粗糙的部分；当火与气渐渐散去，过剩的水和土将遍布各处。

为什么说祂是灵活或敏捷的呢？这样你便能理解爱适合于并且乐于进行所有运动，以免你会以为，当阿伽通说祂是细软的时候，他是指柔弱、软弱、如同水一般不合宜的细软。这与均衡的特性是相反的。

除此之外，阿伽通还说祂匀称得恰到好处，即各部分的排列和比例构成得十分合宜。他还说祂是光彩照人的，即其样态的色彩是吸引人的、闪耀的。解释了这些准备之后，阿伽通并没有说明剩下的是什么。只有我们自己去理解，有了这些准备之后，魅力便出现了。

这五个方面，正如我们曾说过的，似乎是指人类的形象，而不涉及爱的潜能（potentia），因为它们指的是其力量和属性。爱被称为年轻的，因为年轻人最常被爱所俘，并且那些被爱所俘的人们都想要青春。爱是细软的，因为那些天性温柔的人更容易被爱所俘。而那些被爱所俘的，尽管以往是不羁的，也会被驯服。爱是灵活敏捷的，因为祂来时悄无声息，去时也了无声响。爱匀称得恰到好处、形态合宜，因为祂渴慕匀称的、井然有序的事物，而远离相反的事物。爱是光彩夺目的，因为祂激发（aspirat）人们处于盛开（florida）和灿烂（nitente）的状态（etate），而且祂渴慕（concupiscit）盛开的事物。既然阿伽通给予它们以充分的（copiosissime）解释，我们就简要地介绍到这里吧。

第八章
爱的德性

阿伽通为了表明爱之善而谈到的四种德性,也要以这种方式进行阐释。爱被称为公正的(iustus),这是因为只要爱是原初(integer)而真实(verus)的,双方之间就交换着一种亲善(benivolentie),它不允许侮辱或伤害。这种力量是如此伟大,以至于仅仅靠它自身就能使人类维持在安宁的和平里,而这是无论审慎(prudentia)、坚毅(fortitudo)、武力(armorum)、法律(legum)还是雄辩(eloquentie)——它们没有亲善——都无法产生的。

此外,他将爱称作节制的(temperatum),因为它征服了卑劣的欲望。由于爱寻求美,而美存在于秩序和节制之中,所以它蔑视低廉的、无节制的欲求;它避开罪恶的行为。关于这些,你们一开始已从英雄[乔万尼]那里听到足够多了。只要对它的欲求占了上风,其他的欲求就会被轻视。

他还认为爱是勇敢的(fortissimum)。有什么比鲁莽(audacia)更勇敢的呢?而有谁会比一个为心中所爱而战的情人更鲁莽地战斗呢?玛尔斯(Mars,火星、战神)超过了其他诸神,在勇气上,他超过了其他行星,因为他使人更为勇敢。而维纳斯(Venus,金星、美神)统治着他(hunc domat)。当火星落在了天的一角,处于天宫图的第二宫或第八宫时,它将以邪恶影响着出生之人，而金星常常通过与火星相合（coniunctione）或相冲（oppositione），①通过与它互容（receptione）②或与它处于六分相位（sextili）或三分相位（trino），③来限制火星的邪恶（malignitatem）。而且，当一个人出生时是火星主导时，火星将赐予灵魂的伟大和易怒（iracundiamque）的性情。如果金星离得很近，她并不会阻碍火星所给予的高尚的德性，但她会限制易怒这种邪恶。这时，她似乎使火星更加温柔，并且进而主宰他。但玛尔斯永远不会主宰维纳斯。这是因为，如果金星是一个人生命的主宰时，她将赋予爱的激情。而如果火星离得很近，他将通过自身的热量使金星的冲动更加热烈，这样的话，如果一个人出生时火星与金星处于同一个宫位，比如都在天秤或金牛，那么，由于火星的存在，这个出生之人将会被最炽烈的爱点燃。玛尔斯追随着维纳斯；维纳斯却不追随玛尔斯。因为鲁莽是爱的追随者，但爱却不是鲁莽的追随者。一个人不会因为他是勇敢的而陷入爱情；但通常，他会因为被爱所伤，而变得非常鲁莽，并为了能被人所爱，而不怕经历任何危险。最后，比起所有其他的来，最能证明爱的勇气的事实在于：所有的事物都服从于爱，但爱却不服从于任何事物。所有天界的事物都爱着，动物和所有的形体也爱着；同样地，勇敢的人、智慧的人、富有的人、最伟大的国王都臣服于爱的主宰。而爱并不服从于他们中

---

① 相合指两星球夹角成0°，是最直接也是影响力最强的相位，它标志着两颗行星在黄道带上位于大致相同的位置。相合的属性既有可能是正面的，也有可能是负面的，这要具体看形成相位的行星的属性而定。相冲是指成180°，其影响力仅次于相合，因为形成相位的行星在黄道上处于遥遥相对的位置，所以属于负面影响的相位。

② 互容指两星球互相位于对方所守护的星座。

③ 六分相指两星球夹角成60°，三分相指夹角成120°。

的任何一个。富有的人无法用贿赂买到爱,强大的人也无法用威胁和暴力强迫我们爱或不爱。爱是自由的(liber),它自己自发地源于自由(sua sponte in libera oritur voluntate),这自由连上帝都不去限制,祂从一开始就宣布它是自由的。因此,赋予万物力量的爱,并不受万物之力的控制。这自由是如此强大,以至于尽管灵魂其余的热情(affectiones)、技巧(artes)或运作(operationesque)常常寻求某种不同于自身的回报,但爱却自足于自身,不求回报,就好像除了爱以外,再没有其他任何回报能还得起爱。任何爱着的人都首先爱着爱(nam qui amat amorem amat precipue)。其实人们首要的愿望是,被爱着的人也会反过来去爱爱他的人(id enim vult ab amato potissimum ut vicissim amet amantem)。

爱也是最有智慧的(sapientissimus)。我认为,爱是万有的创造者和护持者(servator),也是一切艺术的导师(magister)和神,这在厄里刻希马库斯的演讲中已经讲过,而正是这些向我们展示了爱的智慧。综上所述,我们可以得出结论:爱是最有福的,因为祂是最美的、最善的。祂是最美的,祂在最美的事物中感到欣喜,因为那[美丽的事物]与祂自身相似;祂也是最好的(optimum),因为祂使爱着的人们成为最好的,而那使别人成为最好者,其自身必定也是最好的。

第九章
爱的馈赠

　　爱是什么,已经显现在我们的讨论中,它是怎么样的也出现在阿伽通的上述话语里。从他的话中可以轻易推出,爱赠予我们什么样的礼物。有一种爱是单一的(simplex),另一种是相互的(mutuus)。单一的爱使陷入其中的人有审慎的远见、敏锐的论辩、雄辩的口才,使他行事时有雅量,调侃时有智慧,玩乐时有兴致,面临困难时有勇气。

　　相互的爱则通过驱散危险而带来安全,通过祛除纠纷而带来和平,通过避免不幸而带来幸福。只要有相互的怜悯之心,就不会有阴谋。这样,万物就会一致。官司、抢劫、谋杀、战争都会消停。相互的爱所赠予的这种平静,不仅仅体现在活物身上,也体现在天界和各元素之中。对此,阿伽通在这里提到了,前文关于厄里刻希马库斯的演讲中也详细论证了。在这篇演讲的末尾,爱被描述为通过其歌声使神与人的思想平静,如果有人记得前文论证过爱在万有之中并遍及万有,就能清楚地理解这一点。

第十章
爱既比其余诸神年长,也比他们年轻

在我下结论之前,各位,我想尽力回答一下阿伽通的论辩中所提出的三个问题。第一,问题问及为什么斐德若说爱要比萨图恩和朱庇特年长,而阿伽通却说他更年轻。第二,柏拉图所说的"必然性的主宰"(Necessitatis significet)和"爱的统治"(amoris imperium)是什么意思。第三,在爱的统治下,哪些神创造了哪些艺术。

上帝,万物的父,创造了思想作为祂的使臣,思想通过播撒上帝的种子之爱,并通过天意的仁慈来推动萨图恩、朱庇特和其他行星。而且,思想自诞生之时起,便认出了自己的父,并爱着祂。天界的事物借由其创生的那种爱,我们称之为比它们"更年长";但生灵借以爱他们的创生者的那种爱,我们则称之为"更年轻"。此外,直到天使思想通过内在的爱而转向其天父的面容,思想才从其天父那里获得关于萨图恩和其余行星的理念。当它获得了它们之后,它便更加强烈地爱着其父〔上帝〕赐予的礼物。因此,天使对上帝的爱在某种程度上既比理念——它们被称作诸神——年长,又比它们年轻。因此,爱既是开端亦是终结(amor principium est et finis),位列诸神之首又排在诸神之末。

第十一章
爱先于必然性统治

要回答第二个问题，必须指出，爱的统治之所以先于必然性统治，是因为神圣的爱赐予从其诞生的万物以自身的起源，而必然性的力量并没有参与其中。由于在爱之上再无其他，它便随心所欲地行事，自由而不受限制。而另一方面，思想必然地产生了，思想随从于它，因为它种植了思想。因此，爱产生在前；必然性产生在后。爱的统治先开始了，而后必然性的统治才开始。尽管思想是从上帝的至善中产生的，并因此是善的，但由于它走到上帝之外，所以它必然从其天父无限的完美性中堕落(degenerat)了。其影响是永远无法接收到原初的全部的善。因而，在这一必然过程中，堕落的影响(effectus)造成了必然性的统治。通过爱，它被提升至上帝那里，通过爱，当思想转向上帝时，上帝照亮了它。但是，必然性的力量在此趁虚而入，因为自上帝那里降下的光被思想所接收，进入自身本性的黑暗之中时，并没有上帝赐予时那么明亮。思想被迫只能根据其本性的能力来接收上帝的光。因此，由于其接收本性的影响，上帝的光变暗了。爱的统治再次接替在必然性之后。这最初的上帝之光因为被阻碍了，所以思想便更加急切地转向祂，它被这光的微弱火花所激发，进而渴慕完整充盈的上帝之光。但上帝眷顾(deus providentie),在最初自然之光(naturale lumen)外,又赐予(largitur)了一种神圣之光。于是爱的力量和必然性的力量交替跟随彼此。这种连续性根据自然的起源[秩序][1]而存在于神圣事物之中,并根据时间间隔而存在于其他事物之中。然而,在这一过程中,爱是所有之首,也是所有之末。

关于这两种统治,必须以同样的方式来判断灵魂和上帝所创造的其他事物。因此,如果我们说得绝对一点,爱的统治要比必然性的统治悠久,因为爱的力量源于上帝,而必然性的力量源于受造之物。然而,如果我们谈论的是上帝所创造的事物,必然性这位暴君的统治便先于爱的统治,因为万物依照必然性前行,并且在这一过程中,它们通过爱转向其天父之前便堕落了。

俄尔甫斯以两首赞美诗来歌颂这两种统治。在《夜的颂歌》中,他提到必然性的统治:

沉重的必然性支配着万有(δεινὴ γὰρ ἀνάγκη πάντα κρατύνει/gravis necessitas omnibus dominatur)。

而在《维纳斯的颂歌》中,他提到爱的统治:

您统治着命运三女神,并主宰着[天上、地下和海洋中的]一切(καὶ κρατέεις τρισσῶν μοιρῶν, γεννᾷς δὲ τὰ πάντα/

---

[1] [英本]拉丁文这里原是 naturae origine,但是可能这里是对 naturae ordine 的抄写错误,因为斐奇诺自己译为"自然的秩序"。

tribus fatis imperas et generas omnia）。

俄尔甫斯庄严地阐释了这两种统治，将两者做了比较，并且他把爱置于必然性之前，因为他说爱统治着命运三女神，而必然性正是存在于她们之中。

第十二章
在必然性的统治下，
萨图恩如何使乌拉诺斯丧失力量，
而朱庇特又如何限制着萨图恩

从上文所述我们很容易理解阿伽通所说的，在必然性的统治下，低一级的神是如何制约或限制他们的前辈的。那些不能被理解为，天使思想在自身之内，分裂（dividat）和肢解（discerpat）了上帝本身，而应理解为分裂和肢解了上帝所赐予的礼物。前文中，我们已充分论证了上帝所赠予的礼物在接受它们的精神之中，从自身最高的完美性中堕落了。因此会出现这种情况：自然的繁育力在上帝那里是完整的，但在天使之中却削弱了，在某种程度上被损坏了，完全可以说是丧失了活力。在必然性的统治之下，这被认为是肯定会发生的事，因为它必然会发生，不以赐予者或接收者的意愿为转移，而是由结果（effectus）无法与其原因（cause）对等这一必然性所决定的。故而，萨图恩（土星），即天使，似乎限制了乌拉诺斯（天王星），即至高的上帝。同样，朱庇特（木星），即世界灵魂，似乎限制了萨图恩，即通过它自身天性的不完满，而使它从天使那里接收的力量受制于狭隘的界限。由于前者的力量大于后者的力量，因此：前者的力量由于其广度而不被束缚或限制；后者的力量则由于其狭隘性，而似乎受到了限制和约束。我将略过占星家们所认为的这一问题：当土星与木星相合、互容，或相冲、三分相位或六分相位时，通常能发现土星的恶意。

  关于这些问题就讲到这里。下面让我们转向第三个问题。

第十三章
各种艺术分别由哪位神赐予人类

阿伽通认为，艺术是神明出于爱而赐予人类的：朱庇特赐予统治的艺术；阿波罗赐予箭术、预言和医术；伍尔坎赐予铸铜术；密涅瓦赐予编织艺术；缪斯赐予音乐。十二位神明掌管着十二个星座：帕拉斯（Pallas）①掌管白羊座；维纳斯掌管金牛座；阿波罗掌管双子座；墨丘利掌管巨蟹座；朱庇特掌管狮子座；刻瑞斯（Ceres）②掌管处女座；伍尔坎掌管天秤座；玛尔斯掌管天蝎座；狄安娜（Diana）③掌管射手座；维斯太（Vesta）④掌管摩羯座；朱诺掌管水瓶座；尼普顿掌管双鱼座。通过这些神明，所有的艺术被传递给了人类。星座将自身所主管的艺术力量传授给形体，而掌管它们的神明则将其传授给灵魂。因此，朱庇特通过狮子座使人类能恰当地管理神和人，也就是说，能够很好地处理关于神的和人的事务。阿波罗通过双子座向我们

---

① 希腊神话中特里同的女儿，雅典娜为了纪念自己无意中杀死的她而改名帕拉斯，自称为帕拉斯·雅典娜。
② 古罗马神话中的农业之神，谷物和丰收女神，相对应于希腊神话的得墨忒尔（Demeter）。
③ 古罗马神话里的月亮女神，狩猎女神，相对应于希腊神话的阿尔忒弥斯。
④ 罗马的灶神，她是宙斯的大姐，奥林匹斯山上最年长、最神圣的女神。终生童贞，是位贞洁处女神。执掌灶火，掌万民的家事，是家庭的象征，也是磨坊工和面包师傅的保护神。她为了守护圣火而拒绝了追求者，将其一生奉献给神殿。

展示了预言术(vaticinium)、医术和箭术；帕拉斯通过白羊座教我们编织技艺；① 伍尔坎则通过天秤座教我们铸铜术；其他神明也教了其他一些艺术。但是，由于这些神明是通过他们眷顾的仁慈，而慷慨地将其礼物赐予我们的，因而我们说，他们是在爱的鼓动下赐予这些艺术的。

并且，我们认为，从天界快速而有序的旋转中产生了音乐的谐和(musicam nasci consonantiam)；八种天体的运动产生了八个音调，而从它们全部之中又产生了第九个，一种和声。因此，由于其音乐的谐和，我们将这天界的九种音调称为九位缪斯。我们的灵魂自开端起便被赋予了这种音乐的理性(musice ratione)，因为天界的和谐(harmonia)内在地存在于所有从天界起源的事物中，随后灵魂便在各种乐器(instrumentis)和歌咏(cantibus)中模仿(imitatur)。这一礼物也是通过神圣眷顾的爱而赋予我们的。因此，各位出色的朋友们，让我们爱这位神吧，因为祂至美、至善，让我们模仿祂，因为祂最有福；让我们崇拜祂，好使祂出于怜悯(clementia)和慷慨(largitate)，而赐我们祂自身所拥有的美、善和福祉(beatitudinis)。

---

① 可见这里说的密涅瓦和帕拉斯都是指智慧女神，即古希腊的雅典娜。

第六篇谈话

第一章
导论：关于爱的辩论

卡洛·玛苏皮尼的演讲到此结束。紧接着，托马索·本奇，这位虔诚的苏格拉底追随者，带着一种愉悦的精神和欢乐的神情，开始评论起苏格拉底的话语。

他说，苏格拉底，这位被阿波罗神谕称为全希腊最有智慧的人，曾经说过，他最擅长"爱"这门艺术，胜过任何其他艺术，似乎必须首先掌握这门艺术，苏格拉底或其他任何人才能被称为是"最有智慧的"。他曾经说过，他这门艺术并非得自诸如阿那克萨戈拉、达蒙（Damon）或阿凯劳斯等自然哲学家，也不取自诸如希俄斯的普罗迪库斯（Prodicus）或阿斯帕西亚（Aspasia）等修辞学家，也非来自音乐家考努斯（Connus），尽管他从他们身上学到了许多东西，而是获自一位女先知第俄提玛，当时她被神圣的精神启发。但是，在我看来，苏格拉底之所以这么说，是为了要说明，人类只有通过神圣的启发，才得以理解什么是真正的美，什么是正当的爱，以及一个人应该怎样去爱。爱情的力量是多么伟大啊！它多么崇高！

所以，远离那些天国般的盛宴，我要说，远离它们，哦，俗人们（profani），你们蒙上了尘世的污秽（sordibus），你们彻底被酒神巴库斯（Bacchus）和生殖之神普里阿普斯（Priapus）奴役，你们像猪一样,将"爱"这一来自天上的馈赠,践踏于污泥(terram)之中。但是,诸位高尚的宾客,以及其他忠诚于狄安娜和帕拉斯①的人们,那些在纯洁灵魂的自由中、在智识(mentis)无尽的愉悦中感到欣喜的人们,欢迎你们前来,并仔细聆听第俄提玛向苏格拉底揭示的神圣奥秘(divinaque mysteria)。

但是,在聆听第俄提玛之前,必须做个区分,即前面讨论过爱的人,和将要探讨爱的人之间的区分。前面的演讲者们将爱称作美的、善的、有福的,并认为爱是一位神。而苏格拉底和第俄提玛反对这一点,他们将爱置于美与丑(turpe)之间、善与恶(malum)之间、有福和不幸(miserum)之间以及神与人之间。我们认为,这些观点都是正确的,只是各自的理由(ratione)不同。

---

① 这是指贞洁与智慧,"贞洁"对应"纯洁灵魂的自由","智慧"对应"智识无尽的愉悦"。

第二章
爱居于美丑之间、神人之间

磁石(magnes)在铁之中放入了它自身的某种属性(qualitatem),铁开始会因为这种属性变得和磁石一样,而后再吸引它。既然这种吸引产生于磁石之中,并且是吸引向磁石的,因此这应该被称作一种磁石式的吸引力;但是,既然这种吸引发生在铁之中,那么它就也是铁式的吸引力,就如同它是磁石式的一样。然而,这种吸引力显然不在自然状态下的铁的质料之中,而是在其被赋予了磁石的属性之后,所以这种吸引既有磁石的属性,也有铁的属性。

说得更明白一些,火同样依靠自身的属性——热——点燃了亚麻;亚麻由于被热的属性提升,跃迁到了上层的火的领域。既然这一上升是由火所引起的,并且是趋向于火的,所以我们显然可以将其称为火式的。但是,既然这种上升是发生于亚麻之中(不是在它的自然状态下,而是在它被点燃之后),我们便可以说它具有亚麻和火两者的属性,它既是亚麻式的,也是火式的。

一个人的外表(figura),常常看着是美的,是由于有幸自上帝那里得到了外在的善,便发出光芒,照射进看见他外表的人们的眼和灵魂中。灵魂被这种光亮所吸引,如同被钩子钩住了一样，于是立即趋向于发出光亮的人。因为这种吸引，即爱，它源起于美、善和有福的，也趋向于它们，所以我们毫不犹豫地将其称作美的、善的、有福的，将其称为神，这也是阿伽通以及前面几位的观点。但是，由于这一感情是在已经被美的光芒所点燃的灵魂之中，因此我们不得不将其称为居于美与不美之间的。显然，灵魂如果没有接收到关于美好事物的印象，便不会爱上这个事物，因为它是未知的。

另一方面，那些拥有美的人，是完全不会为爱所困扰的。因为谁会去渴望自己已然拥有的东西呢？只有当灵魂发现美好事物的令人心动的印象时，当它被激发起想要完全占有这种美时，它才被炽热的爱情点燃。因此，既然爱人的灵魂的确部分拥有又部分无法拥有美好的事物，所以灵魂显然是一半美一半不美的。由于这种混合，我们说，爱是一种居于美与不美之间的情感（affectum）。所以，正是出于这一原因，第俄提玛将爱称为一位"灵明"（demonem）。因为灵明居于天界事物与尘世事物之间，所以爱占据着有形与无形之间的领域。爱居于那无形者与美妙的自然（formosamque naturam）之间的中间区域，对此乔万尼在第一篇和第二篇演讲中已经详细地解释过了。

第三章
论界域灵魂和灵明

然而，关于灵明是如何居于天界与尘世之间的中间区域的，我们可以从《会饮》里第俄提玛的发言，《斐德若》和《斐勒布》里苏格拉底的说法，以及《法义》及《厄庇诺米斯》里那位陌生的雅典人所说的话中有所了解(cognoscite)。

柏拉图认为，整个世界机器(universam huius mundi machinam)由一个单一的灵魂统治和运行，因为整个世界是一个形体，由四种元素所构成，众生灵的形体是这整个形体的组成部分。每个生命体的小形体是宇宙形体的一个部分，它并不由全部元素(火、气、土和水)构成，而是只包含其中一些。因此，如同整体比部分更完美一样，世界形体也比每一个生命体的形体更为完美。如果说一个不完美的形体能够拥有灵魂，而完美的形体却既无灵魂也无生命，那显然是很荒谬的。谁能如此疯癫，居然说部分是有生命的而整体却是无生命的呢？因此，既然作为部分的众生灵的形体是有生命的，那么作为整体的世界形体也一定是有生命的。

整体[世界]灵魂(totius animam)必定是唯一的(unam)，正如同其质料和结构(constructio)也是唯一的一样。因此，既然按照柏拉图的观点，世界中有十二个界域，即八重天及其下方的四种元素,而这十二个界域是彼此独立的,并且在外观(spetie)、运行(motibus)和属性(proprietate)上都各不相同;那么它们必定有十二个灵魂,且具有不同的外观和力量。因此,那原初物(prime materie)的灵魂必定是唯一的,而十二界域必定有十二个灵魂。

谁会否认土和水这两种元素是有生命的呢?它们毕竟赋予那些产生于它们的生灵以生命。然而,如果这些处于世界低层级者都是活的、充满生灵的,那么为什么气和火,这些处于世界高层级的部分,不也有生命、充满生灵呢?而八重天不也一样吗?天界的生物,那些星体们,以及那些由土和水所构成的生物,我们显然都能看见它们;但由火和气所构成的那些生物,我们却看不见,这是因为我们看不见纯的火或气的元素。这里有一个差别。有两种生物由土构成:无理性的(bruta)和理性的(rationalia)。水也是一样,因为水是比土要高一级的元素,所以它拥有的理性并不比土地少[也能构成理性的生物]。但在其余十种更高的界域里,由于其崇高性,只存在理性的生物而无其他。

世界灵魂(animam mundi),就是原初物;而十二界域和星体的灵魂,柏拉图主义者们称其为诸神(deos),因为它们十分接近天使思想和至高的上帝。那些居于月亮之下的由缥缈的火所构成的区域之中的,以及居于由纯粹的气和湿气(接近于水)所构成的区域之中的生物,被他们称为灵明。那些居于土地上的、理性的生物,被其称为人。诸神是不死的、无情的(impatibiles);人类是有死而有情的;灵明则不死却有情。柏拉图主义者认为，灵明并不具有形体的激情，而只是具有灵魂的某些激情，这使它们喜欢善人，讨厌恶人。灵明非常专注地、热情地投入照顾次级生物的事务，尤其是人类的事务。由于这种奉献，所有的灵明似乎都是善的。有些柏拉图主义者及基督教神学家曾说过，有些灵明是恶的，但我们在此并不打算讨论这些恶的灵明。

那些善的灵明是我们的保护者，大法官狄奥尼修斯通常使用一个恰当的名称来称呼它们：天使，低等世界的统治者。这与柏拉图的观点几乎是一致的。此外，柏拉图将其称为诸神的那些灵魂，或者说界域和星体的灵魂，我们可以像狄奥尼修斯那样称其为天使，或上帝的使者。这与柏拉图的观点并不冲突。因为《法义》卷十清楚地表明，柏拉图从未将这种灵魂限制于它们的界域之中，如同他将尘世生物的灵魂限于其形体中一般。相反，他断言，天界的灵魂，被至高的上帝赋予如此伟大的力量，以至于它们得以享见上帝，并能依据其天父的意志，不费气力地掌控和推动宇宙的界域，还能通过对天界的推动，来统治低层级的事物。所以说，柏拉图与狄奥尼修斯之间的差别只是表述上的，而非观点上的。

第四章
上帝通过精神媒介赐予人类的七种天赋

万物的理念，包含在神圣思想中，据说次级的诸神服务于它们；诸神的天赋则由灵明服务。因为从最高至最低，万物都要经过中介，神圣思想所包含的理念，以诸神和灵明为中介，将天赋赐予人类。这七种卓越的天赋分别是：沉思的锐利（contemplationis acumen）、统治的能力（gubernandi potestas）、活力（animositas）、感官的清晰（claritas sensuum）、爱的炽烈（amoris ardor）、阐释的精妙（interpretandi subtilitas）和生殖力的旺盛（fecunditas generandi）。

这些天赋的力量（vim）首先包含于上帝之中。然后祂将其分配给掌管七颗行星的七位神（我们称他们为天使）。每一位神都得到一种优于其他人的天赋。这些诸神随之将这些天赋传给隶属于他们的七个层级的灵明，每一个层级的灵明分别得到一种天赋。然后这些灵明将天赋转送给人类。

自灵魂诞生于上帝之时起，祂便已然将这些天赋灌注于它们之中。当灵魂自银河跌落，经由巨蟹宫，降临到身体之上时，它们一开始被一种透明的、星状的身体包裹着，在这种裹挟之中，落入尘世的身体里。依照自然的秩序，完全纯粹的灵魂不能降于这最不洁的身体之中，除非它接受某种中介的、纯粹的覆盖物。这种覆盖物比灵魂粗劣，但却比身体要纯粹、精妙，因而它被柏拉图主义者们视作灵魂与其尘世的身体之间最恰当的联结。

因此，星体的灵魂在我们的灵魂中不断增强，那一开始就由上帝赋予[我们]的七种天赋的力量，星体也在我们的身体中不断增强这些力量。同样也有着相同数量的灵明存在于天界事物与人类之间。土星（萨图恩）通过土星灵明来强化沉思的天赋。木星（朱庇特）在木星灵明的帮助下增强统治能力。火星（玛尔斯）通过火星灵明增加灵魂的伟大。太阳在太阳灵明的帮助下强化清晰的感官和认识，由此产生了预言。金星（维纳斯）在金星灵明的帮助下启发爱。水星（墨丘利）通过水星灵明的影响来促进演讲和阐释的能力。最后，月亮在月亮灵明的辅助下增大生殖力。

星体将这些天赋的力量分配给人类，尤其是赋予这些人：在其被孕育或出生之时，这些星体由于天宫的分布而居于支配地位。由于这些天赋是被神注入我们之中的，它们显然是美好的。但有些时候如果被滥用了，它们在我们之中也似乎是罪恶的。当我们在运用统治力、活力、爱和生殖力时，情况往往如此。

爱的本能，我们得自至高的上帝，得自女神维纳斯，得自金星灵明。由于爱得自上帝，它应当被称作神；由于它被灵明所强化，它又应当被称作灵明。因此，正如我所说，阿伽通称它为神也好，第俄提玛称它为灵明——金星灵明——也好，都是对的。

第五章
金星灵明的秩序以及它们如何发射爱之箭

金星灵明的爱分为三个层面。柏拉图主义者认为,第一种存在于神圣的维纳斯之中,即在天使思想的智性(intelligentia)之中。第二种存在于世俗的维纳斯之中,即在世界灵魂所拥有的生殖力之中。这两种都被称为灵明,因为它们居于有形和无形之间,正如前文所说,并且稍后下文将详述这一点。第三个层面上的灵明是维纳斯的同伴,它们又可以分为三重:有的从属于火元素;有的从属于纯粹的气元素;有的则从属于厚重、浑浊的气元素。它们都被称作Ἔρωτες,即爱人,在希腊语中Ἔρως的意思就是爱。

第一种灵明向胆汁质、易怒而火性的人类发射爱之箭;第二种向多血质、气性的人类发射爱之箭;第三种向黏液质(水性的体液居多)以及忧郁质(土性的体液居多)的人类发射爱之箭。所有人类,尤其是四种类型的人类,都为爱神丘比特之箭所伤。柏拉图在《斐德若》中指出,朱庇特、阿波罗、玛尔斯及朱诺(即维纳斯)的追随者们伤得最深。由于在被创造之初便被指派给爱,他们便习惯于爱人,尤其是爱那些生于相同星相下的人们。因此,木星相的人最能打动木星相者,火星相的受火星相的人打动最深,以此类推。

第六章
我们如何被爱捕获

我在这里解释一个例子，以便理解其他三个。一个在朱庇特(木星)的主导下坠入其尘世身体的灵魂，在降落的过程中会形成某种模式，从而使这个人与木星之间具有某种联系。灵魂能够将这一模式印在星体之上，因为它很倾向于接受这种模式。如果灵魂在尘世中同时也发现一个倾向于接受这种模式的种子，它就会在这颗种子上再印上一个形象，这一形象与它自身的以及它印在星体之上的十分相似。如果这颗种子并不倾向于接受这种模式，那么它印上的形象便不相似。

情况常常是这样：两个灵魂将要降落，虽然降落的时间段不同，但都处于朱庇特的主导之下。其中一个在尘世中发现了合适的种子，于是将按照早先的理念(priores ideas)形成它的身体；但另一个，由于其质料不太合适，虽然也将进行同样的过程，但却无法完全按照其模式来实现。前一个身体将比后一个身体更美丽。由于具有相同的天性，它们会相互喜悦，但拥有更美丽身体的那个会更令人喜悦。这就是为什么人们并不是爱最美的人，而是爱他们的同类，即出生时与他们相同的人，尽管这些人可能并不比其他人美。

正如我们前面所说，在相同的星相下出生的人们，其中较为美丽的人，他的形象穿透另一个人的眼睛，进入其灵魂，并与这一灵魂在星体之中所具有的相同形象，以及其被创造时的内在天性相印证。于是，被打动的灵魂认出了它面前的这一形象，并把它看作自己所拥有的。事实上，这一形象与灵魂自身所拥有的，并一直试图却无法最终印在其身体之上的形象十分相似。灵魂将它所看见的形象置于它内在的形象旁边，如果前者由于缺失某些部分而不再是朱庇特星体的完美模板，灵魂便通过修正它而将其保存。所以，灵魂便爱上了这一修正后的形象，将其视作自己的作品。这就是爱人们为何总是坚信他们所爱的人比自身要美。因为久而久之，他们看见的不再是通过感官而得到的所爱之人的真实形象，而是经过他们的灵魂依照其内在理念修正之后的形象，这一形象比其形体要美得多。并且，他们每天都想要看见那散发出最初形象的身体。尽管就算没有身体时，灵魂也在自身之中保有关于身体的形象，并且这种形象于它来说足够了，但精气（spiritus）（灵魂的工具[anime instrumentum]）和眼睛却无法保有这种形象。

在我们之中显然存在三种东西：灵魂、精气和身体。灵魂和身体在性质上是相异的，两者通过精气联为一体。精气是一种薄而清透的水汽，是由从气血最稀薄的部分所透出的心脏的热量而产生的，它由此散布到全身，它接受了灵魂的力量并将其传达到身体之中。精气还通过感觉器官接收外部身体的形象，这些形象无法直接印在灵魂中，因为精气的质比身体要高一级，它无法通过身体对形象的接收而形成。然而，灵魂处处都向精气显现，它很容易看见身体的形象在自身中闪耀，就像看着镜中一样,并通过这些形象来评判身体。这种认知被柏拉图主义者称为感觉(sensus)。当灵魂看着这些形象时,它通过自身的力量,在自身内构造出与它们相似但却比它们更为纯粹的形象。这种构造我们将其称作想象和幻想(imaginationem phantasiamque)。此时所构造的形象被储存在记忆中。这些形象常常激发灵魂的眼睛去凝视万物的普遍理念,这些理念就包含于它自身之中。因此,灵魂能通过感觉来感知某个人,在想象中构造这个人,同时也能通过理智(intellectu)、理性(rationem)以及人所熟知的定义(definitionem)来审视它关于人类的内在理念;而它所审视的,它能保存起来。因此,由于灵魂能在记忆中保存一个长相俊美之人的形象,而且它能在自身中构造和修正这一形象,所以灵魂只要见过所爱之人一次就可以满足了。但是,眼睛和精气却像镜面一样,它们只能当场接收身体的形象,一旦身体离开,便失去了关于它的形象,所以它们需要一个美的身体持续在场,以便在其持续照射的光亮中得到愉悦和快乐。因此,由于眼睛和精气的匮乏性,它们需要身体的在场,而灵魂通常受它们所支配,所以也不得不欲求相同的东西。

第七章
爱的诞生

现在,让我们回到第俄提玛。如前所释,她将爱列在灵明的位置,并用如下话语向苏格拉底解释了爱的起源:

> 在维纳斯生下来的时候,诸神摆筵,孔希利(Consili)之子珀若斯(Porus),被甘醇的美酒醉倒,和珀尼阿(Penia)一起躺在朱庇特的花园之中。这种结合产生了爱。①

在维纳斯生下来的时候,指的是天使思想和世界灵魂(我们也将这二者称为两位维纳斯,前文已详述过原因)自至高的主宰上帝那里降生的时日。

诸神摆筵,指的是乌拉诺斯、萨图恩和朱庇特正在享受他们各自的权力。当天使的智性和世界灵魂的生殖力(即我们所说的两位维纳斯)最初产生之时,至高的上帝,也被他们称作乌拉诺斯,已经存在着了;而且,存在(essentia)和生命,我们也将其称作萨图恩和朱庇特,也已存在于天使思想中;在世界灵魂

---

① 这里孔希利实为柏拉图那里的默提斯(灵明),维纳斯原文为阿芙洛狄忒,最后诞生的"爱"原文是"厄洛斯"。珀若斯即"丰盈",珀尼阿即"贫乏"。不同的是"孔希利"在拉丁文中指商议、建议、劝告、明智等。

中，也已存在着关于高级事物的知识和天体的推动力，我们将这些力量也称作萨图恩和朱庇特。

珀若斯和珀尼阿，分别指的是丰盈和贫乏。

孔希利之子珀若斯，是说他是至高上帝的光芒。上帝被称作孔希利，也被称作孔希利之源泉，因为祂是万物的善和真理，凭借着祂的光芒，每一个孔希利都成为真的，每一个孔希利都趋向于获得祂的善。

朱庇特的花园，指的是天使生命的繁育力，在那里，当珀若斯（即上帝的光芒）与珀尼阿（即它之前的贫乏）相结合时，便创造了爱。最初，天使通过上帝而存在且获得生命。由于这两者，存在与生命，天使思想被称作萨图恩和朱庇特；它还有一种理解的力量，我们将其视作维纳斯。这种力量在本性上是无形式的、晦暗的，除非它被上帝所照亮，如同在阳光来临之前眼睛所拥有的力量一样。这种晦暗，我们认为它是珀尼阿，它是一种光的缺失或匮乏。最后，这种理解的力量，在一种自然本能的驱使下转向其父亲，接受了祂神圣的光芒，即珀若斯，或者说，丰盈。在这种光芒里，万物的理性如同种子一般包含于其中。自然本能正是被这种光芒的火焰所点燃。这种火、这种欲望，超离了最初的晦暗，而它所增添的光，就是爱，由贫乏和丰盈所生。

在朱庇特的花园之中，指的是，在生命的萌蘖下出生。在生命的活力出现之后，当然立即会产生一种理解的欲望。但他们为什么说珀若斯被甘醇的美酒醉倒呢？因为他充满了神圣生命力的汁液。为什么爱一方面是丰盈的一方面又是贫乏的？因为我们不习惯去渴慕那些我们完全拥有或完全缺乏的东西。既然每个人都寻求他所没有的事物，那么如果一个人拥有了全部，他还会欲求什么呢？同样地，既然没有人会欲求他所不知道的事物，那么我们所爱的事物，必定以某种方式事先为我们所知。不只为我们所知，而且还知道它们于己是好的或是令人愉悦的，因为我们常常厌恶许多我们知道的事物。这些似乎都不足以产生于一种恩典的热情：我们还必须确信，我们能够轻易地获取那预期的快乐。

因此，爱着某物的某个人一定没有完全地拥有它，但是通过其灵魂的活动，他得知了这一事物，并认为它是令人愉悦的，而且相信他能够获取它。这种认知、判断以及希望，就其本身来说，是一种当前对过去所缺失之善的期望。如果这一事物无法取悦这个人，他就不会渴慕它；而如果这一事物没有以某种方式被事先品尝过，它就无法取悦他。因此，既然爱人们在某种程度上拥有他们之所欲，又在某种程度上缺乏他们之所欲，那么，说爱是贫乏和丰盈的混合物就不会不恰当了。

正是出于这一原因，天界的维纳斯第一次尝到这神圣光芒的滋味时便被其激发，被爱引领向那全部光芒的完整充盈；当她努力越来越靠近父亲时，她立即因祂的全部荣耀而释放出光芒，那最初纠缠（implicate）于这光芒之中的万物无序的理性，我们称之为珀若斯，此刻也通过维纳斯的力量而处于秩序之中，并且它们被厘清而释放（explicantur）出比之前更清晰的光。

但是，正如天使趋向于上帝，世界灵魂也趋向于天使，趋向于上帝。由于将自身转向更高级的存在，世界灵魂同样也自其接受到光芒，被其点燃，并产生一种同时掺杂着丰盈和贫乏的爱。因此，它由万物的形式装点，通过其模型推动着天体运行，并通过其繁殖力在元素的质料之中创造出与其相同的形式。

在这里，我们又看到了两位维纳斯。一位显然是理解高级事物之灵魂的力量，而另一位则是创生低级事物的力量。前一种力量当然并不只为灵魂所特有，而是对天使思想之沉思的模仿。而后一种力量，则是灵魂的属性特有的。因此，如果我们只将一位维纳斯置于世界灵魂之中，我们是指它自身特有的力量，即它自身的维纳斯；如果换作两位，我们是指，其中一位是其与天使共有的，另一位则是灵魂特有的。

所以，让世界灵魂中有两位维纳斯吧，一位是天界的，一位是尘世的。让这两位都有一种爱吧：天界的爱是为了沉思神圣之美，尘世的爱是为了在世界质料中繁育出相同的美。前者所看到的美，后者希望尽可能地将其传递给世界机器。或者毋宁说，两者都致力于美的繁育，只不过各自以各自的方式。天界的维纳斯努力通过其智性，在自身之内尽可能精确地再生出高级事物的美；尘世的维纳斯，则努力通过其神圣种子的生育力，在世界质料中再生出它在自身之内孕育出的神圣之美。前一种爱我们有时称之为神明，因为它直接指向神圣的事物，但我们常常称之为灵明，因为它居于匮乏和充足之间。另一种爱我们总是称之为灵明，因为它似乎对身体有种特别的情感，并且更趋向于世界的低级区域，这对于上帝来说当然是不相干的，但对于灵明的本性来说是很合宜的。

第八章
在所有的灵魂中都有两种爱，
但在我们的灵魂中有五种

这两位维纳斯和两种爱不仅存在于世界灵魂之中，也存在于所有界域的灵魂之中，还存在于星辰、灵明和人类之中。由于在自然秩序的正常序列中，所有个人的灵魂都与世界灵魂相联，那么，所有个体灵魂的爱必然同样与世界灵魂的爱相联，甚至它们在某种程度上源自后者。这就是为什么第俄提玛曾将个体的爱直接称为"灵明"，而将世界灵魂的爱称为"伟大的灵明"，后者高悬于整个宇宙的万物之上，它不允许心灵沉睡，而是处处唤醒它们去爱。

但在我们之中，有的不只是两种爱，而是五种。那两种最极端的爱当然是灵明。中间的三种并不是灵明，而是热情(affectus)。在一个人的理智之中，存在一种得见神圣之美的永恒的爱，正是由于这种爱，我们才致力于哲学研究(philosophie studia)，并践行正义和虔敬。在繁育力之中同样存在一种繁育后代的神秘冲动。这种爱也是永恒的，通过这种爱我们被不断驱使着在后代的形象之中创造出与天界之美相同的美。我们之中这两种永恒的爱是灵明，柏拉图预言它们将永远存在于我们的灵魂之中，一种是将我们提升至上界的事物，一种是将我们推向下界的事物。一种是善灵（Calodemon），即善的灵明；一种是恶灵（Cacodemon），即恶的灵明。在现实中，它们都是善的，因为对后代的繁育，就如同对真理的追求一样，是必需的、美好的。但它被称作恶的，是因为由于我们的滥用，它常常扰乱我们，并使灵魂偏离了存在于真理沉思之中的至上的善，而将其引向更卑下的目的。

在我们之中的两种爱之间，还存在另外三种爱，它们可被更为恰当地称为情感（motus）或热情，而不是灵明，因为它们在灵魂之中，并不像另外两种爱那样，自始至终一样强烈，而是有一个产生、生长、衰退、消亡的过程。在其中，有一种爱居于两个极端正中。另外两种各自倾向于某一个极端。当某个形体的形象与眼睛相遇时，它通过眼睛穿透进精神之中，如果这一形象，由于其质料的形式，与神圣心灵在其理念中所包含的形象相吻合，它便立即使灵魂感到愉悦，因为它与我们的理智和繁育力所保存的、最初被神圣地接收的理性相符合。因此，如我们所说，三重的爱便产生了。因为我们天生或者说被养育为倾向于或趋于沉思的（contemplativam）、有活力的（activam）或逸乐的（voluptuosam）生活。如果倾向于沉思的生活，那么我们看见形体的美时，就立即被提升至对于精神性的、神圣的美的沉思之中。如果倾向于逸乐的生活，那么我们看见美时便立即下降到触摸的欲望之中。如果倾向于有活力的、道德的生活，那么我们便持续处于视觉和交往的愉悦之中。第一种人如此聪慧以至于他们上升至高处；最后一种人如此愚昧以至于他们下沉至底部；而中间那种人则停留于中间地带。

所以，每一种爱都起始于视觉(aspectu)。但沉思之人的爱从视觉上升至思想(mentem)。逸乐之人的爱从视觉下降至触觉(tactum)。有活力之人的爱停留于视觉之中。沉思之人的爱转向了最高的而非最低的灵明；逸乐之人的爱被引向了最低的而非最高的灵明；有活力之人的爱与前两者保持着同等的距离。这三种爱被赋予了三个名字。沉思之人的爱被称作神性的(divinus)；有活力之人的爱被称作人性的(humanus)；逸乐之人的爱被称作兽性的(ferinus)。

第九章
哪些热情由于爱之母
而出现在爱人之中

我们已经说过，爱是一位灵明，由丰盈和贫乏所生，并被分为五种类型。我们接下来将循着第俄提玛下面的话语来探讨，哪些热情作为爱的上述特征的结果，出现在爱人之中。她说：

既然爱是在维纳斯的生日当天诞生的，他便跟从并崇拜着维纳斯，并且他被对美的欲求所俘获，因为维纳斯本身就非常美。由于他是贫乏的儿子，所以他干瘦、困苦、赤足、卑下，他无家可归，没有床，没有任何蔽体之物：他幕天席地，歇息于门阶上、道路边，他总是很贫穷。由于他是丰盈的儿子，所以他也总是伏击美和善。他刚强、勇敢、专心机警、冲动，是狡猾而嗅觉灵敏的猎手，他总是设置新的陷阱，他审慎、雄辩，终生热爱智慧（终生从事哲学），他是一个术士、巫师，他力量强大，他是魔法师，是智术师。他既非完全有朽，也非不朽。他有时候在同一天里出生和成长（当他繁茂时）；有时由于其父亲的天性会死去又复活；所获得的又会渐渐失去。因此，爱从来都是既贫穷又富裕。他还居于智慧与无知之间。

这就是第俄提玛所说的。我们将尽可能简洁地解释这些话语。尽管这些特征存在于所有类型的爱之中，但它们在中间的三种里面最为清晰，因为这三种向我们显现得更清楚。

既然爱是在维纳斯的生日当天诞生的，他便跟从并崇拜着维纳斯。这就是说，因为他出生于那些我们称之为维纳斯的天界神明之中，所以他将人类的灵魂引向天界的事物。

并且他被对美的欲求所俘获，因为维纳斯本身就非常美。这就是说，他用一种对于至上和神圣之美的欲望将灵魂点燃，因为他自身出生于那些离上帝最近的诸神之中，这些诸神被至高的上帝之美所照亮，并将我们引向同样的光芒。

另外，由于动物和植物的生命以及土地的繁育力，都包含于湿气和温暖之中，所以，为了表明爱是贫乏的，当第俄提玛说他干瘦、困苦时，她是在暗示，湿气和温暖这两者他都缺乏。谁会不知道贫瘠干燥的事物正是湿气所弃绝的呢？同样地，谁又会说苍白和贫瘠不是源自红润之热的缺乏呢？而且，凡人在长久的爱里会变得苍白而瘦削。通常，自然的力量当然不会同时完成两个任务。情人灵魂的全部注意力都用于不停地思念爱人。而这时自然性质的全部力量都被用于此。于是，胃里的食物无法被彻底消化。有时，大部分食物作为多余废物被清除了，而少量的，基本未被消化过的，就输送到肝脏之中。同样，这时食物消化得并不好。这样便只有很少的粗糙血液被分散入血脉之中。于是，身体的各部分由于食物的匮乏和粗糙，逐渐变得瘦弱而苍白。

并且，当灵魂的注意力被持续转移时，精气也飞逝了，它们是灵魂的马车（currus）或工具。精神是从心脏中气血最稀薄的部分里产生的。情人的灵魂被转移至他想象中的爱人的印象上，进而转移到爱人身上。情人的精神也被转向同一个地方。在那里，它们持续地被消散。因此，必须有源源不断的纯粹血液来补充被消耗掉的精气，因为血气最稀薄最清透的部分，每天都被耗尽用来补充精气。当纯粹的、清透的血液被消耗掉时，剩下的就只是不纯的、厚重的、干燥的黑色血液。于是，身体变得干燥、贫瘠，而爱人们就变得忧郁（melancolici）。忧郁从干燥、浓稠的黑血液中产生，也就是说，黑胆汁（melancolia）的水汽（vaporibus）充斥着头部（caput），使其干涸，并夜以继日地用丑陋、可怖的印象烦扰着灵魂。正如我们读到的，由于爱，这情况就发生在伊壁鸠鲁派哲学家卢克莱修身上；他先是被爱，然后被疯狂（insania）所折磨（vexatus），最后伸手结果了（manus iniecit）自己。

这些事情通常发生于那些滥用爱的人们身上，他们把对沉思的渴欲（concupiscentiam）转化为了紧拥（amplexus）的欲火。比起同时满足视觉和触觉的渴望来说，我们更容易忍受视觉的欲望。当古代的医生们观察到这些事情时，他们说，爱是一种非常接近于忧郁症的热情。医生拉兹（Rasis）教导说，它可以通过性交、禁食、酗酒和散步而得到治愈。不仅是爱使人如此，而且反过来，那些天性如此的人们也更容易为爱所感染。有如此天性的人，在他们的身体中，黄胆汁（colerici）即我们所说的易怒体液(ignei humoris)或黑胆汁即我们说的忧郁体液(terrei humoris)支配着其他体液。黄胆汁是热而燥的，黑胆汁是干而冷的。前者在动物的身体中占据火的位置，后者则占据土的位置。因此，忧郁症被视作是贫瘠而干燥的，像土的属性一样；狂躁症则是贫苦而苍白的，与火的属性一样。狂躁症患者，由于火性体液的力量，被草率地领入到爱里。而忧郁症患者，由于土性体液的迟缓，爱得更慢一些，但因为这一体液的稳定性，他们一旦为爱所俘，将爱很长的时间。因而，爱被恰当地描述为干燥的、贫瘠的，因为天性如此的人们比其他人更惯于在爱里沉溺。我们认为，这主要源于这一事实：狂躁症患者被黄胆汁的热量所点燃，忧郁症患者则被黑胆汁的严厉所侵蚀。亚里士多德在他的《伦理学》第七卷中也断言了这一事实。所以，恼人的体液一直折磨着这两种人，并驱使他们从其体液的烦恼中，寻求某种强烈而持久的抚慰。音乐和爱的愉悦便属于这一类。我们从不会持久地将自身的精力像投入音乐、声音之魅力和美的诱惑那般投入到其他事物之中。其他感官很快就感到厌腻。但视觉和听觉能较长地享受哪怕最微弱的声音和最空白的图像。这两种感官不仅愉悦感更为持久，而且与人类属性更为接近。有什么比人的声音和形象更适于人类身体的精神呢？尤其是对于那些不仅因相同的性质，并且因美的恩惠而感到愉悦的人们来说。因此，忧郁和狂躁的人寻求着音乐和美的愉悦感，将它们视作对其烦人的体质的唯一治疗和安慰。出于这一原因，他们更易被维纳斯的魅力所感染。苏格拉底被亚里士多德断定为一个忧郁症患者，他承认自己最倾心于对人的爱的艺术。我们还能断定萨福同样也是忧郁症患者，正如她自己所证实的。甚至我们的维吉尔(Maro)，他的肖像显示出他是一个狂躁症患者，尽管他是贞洁的，也是很倾向于去爱的。

赤足。第俄提玛如此描述爱，因为爱人如此专注于爱的事宜，以至于在生活中的其他事情中，无论是私人的还是公共的，他都没有像他应该的那样谨慎地去做，而是完全不计后果，鲁莽地到处冲撞。出于这一原因，他在旅途中频繁地遇到危险，与那些没有用皮革来保护双脚的人并无二致。他们因此频繁地被荆棘和砾石所伤。

卑下。柏拉图所说的希腊词χαμαιπετής，意思是在地上或飞得很低。他看到，由于滥用爱，一次又一次地，"爱人们活得没有感觉(sine sensu)，加上他们琐碎的忧心(levibus curis)，伟大的善好酿成了失败"。情人们为了爱人放弃了自己，以至于他们努力转变为对方，并且在言语上和行动上都在自身中再生出对方。但是，在对男孩女孩的不断模仿中，谁不会变得柔弱呢？谁又不会变成男孩或女孩呢？

无家可归。灵魂本身是人类思维(cogitationis)的栖息地(domicilium)；精气是灵魂的栖息地；身体是精气的栖息地。在这里，有三位居住者，也有三个家园。若是放弃自身天然的家园，这些居住者便被放逐。思维不再专注于它自身灵魂的约束和安宁，而是专注于服务所爱之人。灵魂放弃了它自身躯体和精气的服务，而力图跃入爱人的躯体中。然而，当灵魂匆匆奔忙时，精气作为灵魂的载体，同样在叹息中奔向各处。于是，思维出离了，灵魂出离了，精气也出离了其家园。思维的出走伴随着疯狂和心神不宁；灵魂的出走伴随着柔弱和对死的恐惧；精气的出走伴随着颤抖和叹息。因此，爱失去了其家园守护神（Laribus），失去了天然的席位（naturali sede），及其向往的私密静谧（quiete privatus）。

没有床，没有任何蔽体之物。他没有地方休憩，没有东西遮盖自己。由于所有的事物都追寻自身的起源，所以当爱人看到一个美的形体时，爱的小小火焰被他的欲望点燃，试图飞回这同一个身体之中，它带着这种冲动同时飞出了渴望之人和被渴望之人。哦，情人们是多么痛苦！哦，活比死还要不幸，除非你的灵魂被爱的强力拖出躯体，还能忽视爱人的形象，而将自身领至神圣光芒的殿堂，最终在那里，它能得休憩，得满足！

同样地，谁会否认爱赤身裸体、无物遮蔽地流浪着呢？谁能将爱掩藏？它会在一个野性的、公牛般的、直勾勾的眼神中泄露出来，在吞吞吐吐的言辞中表现出来，绯红或苍白的脸色、频频的叹息、身体的颤抖、不停的抱怨、过分的赞扬、莫名的愤怒、夸口、调情（procacitas）、暴躁、无端的疑心、谄媚讨好，这不都是在泄露爱的秘密吗？在太阳下，在火焰中，光伴随着其光线的热量，所以，爱内在的火焰也伴随着它外在的表现。

歇息于门阶上。灵魂的门似乎就是眼睛和耳朵。因为通过它们，许多事物才得以被带入灵魂之中，而灵魂的感觉和习性都是透过眼睛映射出来的。爱人们花去大量的时间注视外表和倾听声音。但他们的理智很少关注自身，它常常流浪于眼睛和耳朵之中。这就是为什么说爱人们歇息于门阶上。

而之所以说他们躺在道路边，是因为形体的美，必须是一条我们通过它可以开启升向更高的美的道路。那些将自身降至邪恶的肉欲，甚或仅仅醉心于眉目传情的人们，似乎仅仅停留在这条路上，而不动身去往它的尽头。

幕天席地。是的。由于完全被单一的事物占据，爱人们无视其应有职责。于是，他们随意地过活，完全伫临于命运的危险之前，如同那些在苍天下赤身生活着、曝露于风雨中的人们。

由于他母亲的天性，他总是很贫穷。很明显，由于爱总是首先源于寻求，而本性的东西无法被完全根除，所以爱总是贫穷的，总是饥渴的。只要存在需要获取的东西，爱之火就会燃烧。当彻底拥有了全部时，寻求就会终止，欲望就停歇了，不再持续下去。

第十章
爱人们由于爱之父而得到哪些天赋

　　以上这些是出于爱的母亲——贫乏,而非出于与之相反者、父亲——丰盈。只要理解了上述情形,任何人都会知道其相反面是什么。他(爱)在上文中被描述为简朴、粗心(incautus)、卑下(vilis)、赤手空拳(inermis);那么,这就引出了其相反面。他被称为狡猾而嗅觉敏锐的猎手,是个捕猎者、埋伏者,他专心机警,是位哲学家,他刚强而勇敢、冲动而雄辩,是一位魔法师,一个智术师。同一种爱会让爱人对其他事务粗心、懒散,但又让他在爱的事务中精明、狡猾,以便通过各种方法赢取被爱之人的芳心,不论是通过陷阱将其捕获,还是用殷勤打动他,或是用口才把他征服,或是用歌声抚慰其心灵。同一种疯狂使他殷勤谄媚,但这种疯狂也提供了武器:对所爱者的敌人的凶残,以及对竞争者的自信和不可匹敌的力量。

　　正如我们所说,爱首先源于视觉。视觉居于理智和触觉之间,因此爱人的灵魂常常被推向相反的方向,并且不断地来回摇摆。有时候,会产生一种想爱抚的欲望,但有时候,又会产生一种对天界之美的纯洁欲望,这不同的欲望交替征服和引导着他。在那些经由德性化育成长起来,并具备敏锐智慧的人之中,后者占上风;在其他人之中,则常常是前者占上风。那些将自身降至身体污物之中的人，被恰当地认为是干瘦、赤足、卑下、赤手空拳和愚蠢的。干瘦是因为他们一直消耗却从不盈满。赤足是因为他们莽撞，屈服于一切危险，毫无羞耻，没有教养，声名狼藉。卑下是因为他们从不思考更高的、更伟大的事物。赤手空拳是因为他们屈从于可耻的欲望。愚蠢是因为他们如此鲁钝，以至于并不知道爱将其引向何处，他们一直停留在路上，永远企及不了目标。

与此相反的人则完全受到相反的影响，由于他们以灵魂实在的善为生，所以他们能被更好地满足；由于他们爱得更为安静，所以他们保有了其谦逊。他们忽视了身体的虚幻之美，而被升至更高的地方：他们似乎是被武器保护着，使自己远离空虚的肉欲，他们使感官服从于理性。由于他们最为精明、最为审慎，所以他们如此追求哲学，谨慎地走过身体的形色，如同它们是脚印或气味一般，他们顺着这些（线索），明智地追踪到灵魂和神圣事物的神圣之美，而通过审慎地捕猎，他们快乐地获得了他们之所欲。

显然，爱的这一奖励源于其父亲，丰盈，因为美的光芒，是丰盈和爱的父亲，它具有返回自身的力量，并将爱人们引向它。它首先源自上帝，然后穿过天使和灵魂，如同穿过玻璃一般；从灵魂那里它很容易进入准备好接受它的身体之中。然后，从一位年轻之人的身体中，它照射出来，特别是通过眼睛，这灵魂的透明窗户。它向上飞着，穿过空气，射进了年长者的眼睛之中，穿透其灵魂，并点燃了他的欲望，于是它疗治着这受伤的灵魂，并平息着点燃的欲望，它带领它们去往它自身起源的地方，一步一步地，首先到达被爱之人的身体，然后是灵魂，然后是天使，最后到达上帝，这一光芒的最初起源。这就是有益的狩猎，这就是爱人们快乐的捕获。这显然就是我们苏格拉底的一位熟人在柏拉图的《普罗塔戈拉》中归于他的那种狩猎。他问道："哦，苏格拉底，你去了哪里？我猜你当然是从那种狩猎中回来，在那里，阿尔喀比亚德的美善个性常常使你兴奋。"

此外，她还将爱称作一位智术师，一个魔法师。柏拉图在对话录《智术师》中，将智术师定义为一个雄心勃勃的、狡猾的辩士，他通过其精巧的诡辩，向我们展示着对与错，并使那些与其争辩的人在言谈中自相矛盾。情人，与其爱人，时不时要忍受这些。情人们被爱的云雾蒙蔽，经常会将错的当对的接受，他们认为他们所爱之人比真实的要更美、更聪慧，比他们自身更好。他们由于强烈的爱而自相矛盾，因为理性所考虑的是一件事，而情欲所寻求的又是另一件事。他们在爱人的命令下改变自己的意见，他们违逆自己以便符合对方。美丽之人常常被情人们的狡猾所俘获，那些之前很固执的人也会变得顺服。

但我们为什么认为爱是一位魔法师呢？因为魔力的全部力量就存在于爱之中。魔力的原理就是一个事物由于某种天性的亲近，而被另一个事物所吸引。但世界的各部分，如同一只动物的各部分，是由一位作者所创作的，由一种天性的联合而彼此相连。因此，正如在我们之中，脑、肺、心、肝以及其余各部分彼此获取，相互帮助，并且其中一个受苦时，其他部分都同病相怜，所以，这一伟大的生物，即世界的各个形体，也同样彼此相连，彼此交流着天性。从这种普遍的关系中产生出一

第十章 爱人们由于爱之父而得到哪些天赋

种普遍的爱,而从这种普遍的爱中,产生出一种普遍的吸引。这就是真正的魔力。于是,火由于天性的一致而被月亮界域的凹面吸引着上升;而气,则被火的凹性吸引;土被世界的中心吸引着向下;水也被它的地域所吸引。磁石吸引铁,琥珀吸引麸皮,硫黄吸引火;太阳将花朵和树叶引向自身,而月亮则将水体引向自身;火星惯于激起风,各种各样的星体也都吸引着不同的动物。在人类的事务中也是,人各自的愉悦吸引着不同的人。因此,魔力的作用就是自然的作用,而技艺是其婢女。如果在自然的关系中缺失了什么,艺术就通过水汽、数量、数字和质量来适时地补充。在农业中,自然生产庄稼,但技艺为其做好准备。古人将这门技艺归于灵明,因为灵明懂得自然事物之间的关系,懂得什么是合宜于它们的,以及在任何缺乏谐和的地方如何重建事物间的和谐。据说,有些由于本性相似而彼此成为朋友,比如查拉图斯特拉、苏格拉底,有些由于崇拜而成为其情人,比如泰纳的阿波洛尼厄斯(Apollonius Theaneus)、波菲利(Porphyrius)。由此,当他们醒着时,来自灵明的符号、声音、征兆降临于他们;当他们睡着时,降临的则是神谕和幻象。他们似乎通过与灵明的友谊而成了魔法师,正如灵明通过了解万物的友谊而成为魔法师一样。所有的自然(本性),由于相互之间的爱,都被称为魔法师。任何一位美丽的人,都用他充满活力的眼睛对我们施魔法。人通过雄辩的力量和歌唱的本事,使他人着迷并赢取他人的心,就像是施咒一样。而且,他们还用崇拜和禀赋来麻醉和俘获他人,就像是施法一般。[1] 因

---

[1] 分别对应前面提到的查拉图斯特拉、苏格拉底和阿波洛尼厄斯、波菲利。

此，没有人能怀疑爱是一位魔法师，因为魔法的全部力量都存在于爱里，爱的作用里充满了迷惑、咒语和法术。

他既非完全有朽，也非不朽。不是有朽的，因为那位我们称之为灵明的爱神，恒久地存在于我们之中。也非不朽的，因为中间的那三种爱，每天都在变化、生长和消亡。并且，在人的欲望中，从生命发端之时起，就存在着一种天生的永不熄灭的热情，它不允许灵魂休憩，而是一直强迫它热忱地投身于某种有限的东西。人的性情是不同的，人也不是靠起誓便能活着。于是，激烈的情欲，即自然的爱，推动一些人去学习字母，一些人去学音乐或绘画，又将另一些人推向行为的德性或宗教生活，再将一些人推向荣誉或金钱，推向食物或维纳斯（美）带来的愉悦，并将其他人推向其他的东西，而且，同一个人在不同的年龄也被推向不同的事物。所以，这种热情被同时称为不朽的和有朽的。之所以不朽，是因为它永不熄灭，它只会不停地变换目标，而不会消亡。有朽的，则是因为它并不专注于同一个目标，而是寻求着新的愉悦，这要么是由于它自身天性的变化，要么是由于长久追寻同一个事物产生了厌倦，而在一个事物中几乎要死亡时，又以某种方式在另一个事物中复活了。它被称为不朽的，还因为一个被爱过的形象，便永远地被爱着。只要它在同一个人之中保持不变，那么它就在这人之中被爱着。但当它离开这个人，在他之中便不存在你原先所爱的那同一个形象了。[旧的形象被新的形象替代了]这新的形象，你当然并不爱，因为你先前就没有爱过它；但你并不会停止爱之前的那个形象。这就是唯一的差别：之前你是在另一个人中看到这个形象，而现在你只能在自身中看到这个形象；你一直爱着永远锁定于你记忆中的那同一个形象，每当它向你灵魂的眼睛显现时，它便用爱将你点燃。因而，每当遇到我们曾经所爱的那人时，我们就震颤；要么是心脏跳动或颤抖，要么是肝脏融化，要么是眼睛眨个不停，而脸则因看见他而变色。他的出现使灵魂的眼睛看见了深藏于心灵之中的那个形象，就像一阵风，使埋于灰烬之下的火焰又重新燃烧起来。这就是为什么爱被称作不朽的。但他也被称作有朽的，这是因为，尽管被爱之人的特征永久地锁于胸中，但它们并不会时时向心灵的眼睛显现。故而我们的柔情被一轮一轮地点燃，再点燃。

除此之外，还有这样一个事实：动物或人类的爱都无法在恨之外存在。谁不会恨一个将其灵魂带走的人呢？自由比任何事物都更令人愉悦，所以奴役就更难忍受。所以，你同时爱着和恨着一个美丽之人，你恨他，因为他是强盗和凶手，但你又被迫爱他、景仰他，因为他像一面镜子映射出天界的光芒。哦，你们这些不幸的人哪，你们该怎么办呢？该回到哪里去，你们不知道，唉，你们这些迷失的灵魂，你们不知道啊。你们不想同这谋杀了自身的人在一起，但你们又不想离开他神圣的目光而生活。你不能与这摧毁你、折磨你的人在一起，但你又无法离开他而活，他展开美妙的诱惑，将你从自身那里偷走，他宣称你的全部归他所有。你想逃离他，因他用其火焰炙烤你；但你也想靠近他，因为离这占有你的人愈近，你便离自己愈近。你在你自身之外寻求自身，哦，不幸的人哪，你靠近你的猎人，以便你能有时赎回被俘获的自己。你当然不想去爱，哦，疯狂的人哪,因为你不想死去。你当然也不想不去爱,因为你认为应当服务于天界事物的形象。因此,通过这种交替,爱无时无刻都同时枯萎又复生。

第俄提玛还认为他居于智慧与无知之间。爱寻求着美丽的事物。最美丽的事物是智慧。因此它寻求智慧。但追寻智慧的人并不能完全拥有它。因为谁会去寻求他所拥有的东西呢?但他也不是完全没有它。他至少在一件事上是有智慧的,即他知道自己的无知。但那不知道自己无知的人,对万物便像对自身的无知那般无知;他便不会去追寻那些他并不知道自身缺乏的知识。因此,对于智慧的爱,由于它部分地缺乏智慧,又部分地有智慧,所以是居于智慧和无知之间的。

第俄提玛说,这就是爱的状况。但美自身的本性,即至高的美,是精致的(delicatum)、完美的(perfectum)、至福的(beatum)。之所以是精致的,是因为它通过自身的某种甘甜,将万物的渴望引向自身。完美的,是因为当它所吸引的事物到达时,它用自身的光芒将其照亮并使其完美。至福的,是因为它用永恒的善,充满那被照亮的事物。

第十一章
从其定义来看，什么是爱的益处

在第俄提玛解释了什么是爱的起源以及什么是爱之后，她接着揭示了什么是爱的目标以及它对人有何益处。我们所有人当然都想拥有所有物，并且不仅是拥有它们，而且要永久地拥有它们。但凡人个体的所有物都会被分散和耗尽，它们很快会消失，如果每天没有新的东西来代替那逝去的东西的话。因此，为了永久地保有我们的财产，我们通过一切方法力图再生出那些消逝的事物。再生产通过繁育而生效。所以，繁育的本能固有于一切事物之中。但由于繁育使有朽的事物能像神圣的事物那样处于延续之中，所以它当然是一种天赐。既然神圣的事物是美丽的，那么丑陋的事物则是其反面，而美丽的事物相似于神圣的事物，并且对它们（神圣事物）有感情。因此，繁育，这种神圣的需要（opus），很容易并且自然地想要与美的对象履行，但与其相反的需求有着相反的目标，这就是为什么繁育的冲动被美所吸引而回避其反面。

你们会问：什么是人类的爱？它服务于什么目的？那就是，与一个美的对象进行繁育的欲望，以便使有朽的事物能够有永恒的生命。这就是生活于大地之上的人的爱，这就是我们爱的目标。在这一过程中，任何一种生物都被认为是活着的、同一的，从幼年到老年，尽管被认为是同一的，但它在自身之中从未包含相同的事物，而是在不断地更新，如柏拉图所说，在丧失旧的东西，如其头发、肉体、骨骼、血液和整个身体中所发生的一样。这不仅仅发生于身体之中，也发生于灵魂之中。习俗(mores)、习惯(consuetudines)、意见(opiniones)、欲望(cupidines)、快乐(voluptates)、痛苦(dolores)以及恐惧(timores)，都在不停地改变，其中任何一个都不会保持不变；最初的那些被毁掉，然后会有新的替代它们。但更不同寻常的是，在知识的王国里也是一样，一些知识消失了，一些又兴起了，我们的知识并不总是不变，而是每一样知识都在发生着上述那样的变化。沉思(meditatio)或回忆是对失去的知识的恢复。遗忘似乎是与知识的别离。但沉思常常以新的记忆来代替那别离的知识，它保存着知识，使它似乎保持不变。这样一来，任何在灵魂或身体中变化着的事物都被保存下来，这并不是因为它们永久地保持完全不变(只有神圣的事物才会这样)，而是因为任何消逝了的或离去的都留下了一些新的且类似于自身的东西。正是通过这种补偿，有朽的事物得以与不朽的事物相似。

因此，在灵魂的两个部分中，即在属于认知的部分和在统治着身体的部分中，都存在一种固有的爱，即通过繁育使生命永恒。在后一部分中的爱，即在为统治身体而被创造的那一部分中的爱，自我们出生之时起便促使我们摄取食物和水，以便从这些营养中能产生出体液，来替代身体所不断消耗的部分。通过这种再生，身体被滋养并生长着。当身体日趋成熟时，这同一种繁育的爱便刺激着精液，并引起繁育后代的冲动，以使那在自身之中无法持久的能够持久，并在其相似的后代中成为永恒。

相应地，属于认知的部分中的繁育的爱，促使灵魂渴慕真理并将其作为合宜的食粮，通过这种食粮，灵魂以自己的方式得到滋养和生长。如果任何事物通过遗忘而逃离了灵魂，或是由于消极或忽视而处于惰性之中，繁育的爱便通过辛勤的回忆或沉思来再生它，于是在心灵中重建那通过遗忘而消亡的，或由于惰性而变得无活力的东西。一旦灵魂成熟了，繁育的爱便激励它热切地渴望去讲授和写作，以便通过传播其知识，或者在其著作中、在学生的心灵中，使老师掌握的知识和真理能在人类中永恒。因此，庆幸有了爱，任何人的身体和灵魂在死后似乎都能在人类中永久地活下去。

这两种爱都寻求美的事物。那统治和管理着身体的爱力图寻求可口、美味、美丽的食物，并与一位美丽的女子繁育出英俊的后代。同样地，属于灵魂的爱力图将其灌满最优美、最愉悦的学问，并通过文雅、优美的写作风格去传播与自身相似的知识，并通过讲授而在某个美丽的，亦即纯粹的、聪慧的、出色的灵魂中再生这些知识。我们当然无法看见灵魂本身。因此我们也无法看见它的美。但是我们能看见身体，它是灵魂的影子和影像。所以，从其影像，我们可以断定，在一个美的身体里，有着一个美的灵魂。这就是为什么我们偏好教导那些英俊的人。

第十二章
论两种爱，以及灵魂生而被赋予真理

关于爱的定义，我们已经说得足够多了。现在让我们来解释，在柏拉图论爱的对话中，灵魂的生育力和身体的生育力之间有什么区别。

在所有的人中，他说，身体是有孕育力（pregnans）或繁育力（gravidum）的，而灵魂是有孕育力的。身体自身的一切种子，在一开始就存在于它之中。因此，间隔合宜的时间，牙长出来了，头发出现了，胡子冒了出来，繁育的种子开始涌出。如果身体肥沃多产，富于种子，那么灵魂，这比身体更高级的存在，便更为多产，它自一开始也拥有着自身一切的种子。因此，灵魂很早以前就被分配了关于习俗（morum）、艺术（artium）、学科（disciplinarum）的理性，如果它被恰当地照顾，它会在适宜的时间将其后代带给世界。灵魂拥有它自身一切的天赋理性，我们可以从其欲求（appetitu）、寻觅（inquisitione）、发现（inventione）、判断（iudicio）和比较（comparatione）中得知。

谁会否认年幼的灵魂渴慕真的（vera）、善的（bona）、有德的（honesta）和有益的（utilia）东西呢？但没有人会渴慕他所不知道的东西。因此在灵魂欲求一些事物之前，在它之中已存在关于这些事物的概念（notiones），通过这些概念，即这些事物的形式和理性(formas rationesque)，它断定它们是值得追求的。

在灵魂的寻觅和发现中也可以看到同样的情况。当苏格拉底在一群人中寻找阿尔喀比亚德时，如果他想找到他，那么其头脑中必须有关于阿尔喀比亚德的某种形象，以便他知道自己寻找的是哪一个人而不是其他人，以便他在遇到阿尔喀比亚德时可以将其与人群里的其他人区分开来。因此，除非灵魂具备关于以下四种事物的概念，否则它不会寻找它们，并且它永远无法找到它们，它们是真理、善、德性和效用，通过这些概念，灵魂可以寻找它们，有可能发现它们，当发现它们时可以认出它们，并将它们与其对立面区分开来。

我们不仅可以从欲求、寻觅和发现上来证明这一点，还可以从判断上来证明这一点。如果一个人将某人判定为朋友或敌人，他不会不知道何谓友谊或敌对。同样，如果我们不知道什么是真和善的话，我们如何能像日常所做的那样，判定事物是对是错，是善是恶，并判定得正确呢？同理，许多人尽管没有受过艺术训练，但他们为何常常能正确地褒贬建筑、音乐、绘画或其他艺术以及哲学家的理论呢，如果这些事物的形式或理性不是天生就被赋予他们的话？

比较的原理也向我们展示了相同的情形。如果一个人将蜜与酒相比，并宣布一个比另一个更甜，他不会不知道何谓甜味。如果一个人将斯彪西波和色诺克拉底①与柏拉图相比，并断定色诺克拉底比斯彪西波更像柏拉图，他肯定知道柏拉图的样子。

---

① 斯彪西波(Speusippus, 前408—前339/8)，是柏拉图的姐妹波特尼(Potone)的儿子，柏拉图死后他继任学园领袖，维持了八年，中风后传位给色诺克拉底。色诺克拉底(Xenocrates, 前396/5—前314/3)，于前339/8到前314/3年执掌学园。

同样地，由于我们能正确地判断出，在许多美好的事物中，一个比另一个要更好，并且一个事物比另一个事物更好或更坏是因为它更多或更少地分有了"善"，那么，我们就必须知道何谓善。而且，由于我们能准确地判断，在哲学家们不同的意见之中，哪一个更接近真理、更具有可能性，所以事实必须是，我们并不缺乏关于真理的观念，以便我们得以了解哪些意见更接近于它。因此，据说有些人少年时就异常博学，另一些人则无师自通，还有些人从老师那里只学了些基础知识。正如我们所说，如果不是本性使然，绝不会出现这种情况。苏格拉底很清楚地向斐多、泰阿泰德、美诺等青年证明了这一点；他向他们表明，如果有人恰当地提问的话，青年们可以正确地回应任何一个主题，这是因为他们天生被赋予了关于一切艺术和学科的理性。

第十三章
真理的光如何在灵魂之中

然而，这些理性如何存在于灵魂之中，柏拉图似乎没有清楚地说明。如果人们读读柏拉图青年时期的著作《斐德若》《美诺》和《斐多》，人们也许会认为它们（理性）如同墙上的图画一样印在灵魂的实体（substantia）上，这种观点我和你们大家在前文中都曾提到过。柏拉图似乎也暗示了这一点。在《理想国》卷六中，这位神圣的作者解释了一切，他说，理解万物的理智之光与上帝本身一样，万物都依据它而被创造。他将太阳与上帝做了这样的类比：太阳之于我们眼睛的意义，就是上帝之于我们理智的意义。太阳创造了我们的眼睛，使它们具备看见的能力，如果没有太阳的光勾勒出事物的颜色和形状，眼睛的能力将变得无用，并永远陷于黑暗之中，正是在这种光之中，眼睛才看见事物的颜色和形状。除了光，眼睛什么也没看见。然而它似乎看到了各种各样的事物，这是因为光带着各种外在事物的形状照进了眼睛里。眼睛当然可以看见事物所反射出的这种光，但它却无法承受直接看这光的源头。

同样地，上帝创造了灵魂并赋予它理智（intelligendum），即理解的能力。如果上帝的光不向其显现，理智将是空洞的、晦暗的，它在这种光里得以看见万物的理性。于是，理智通过上帝的光去理解，事实上它只知道这神圣的光本身。但它似乎知道不同的事物，这是因为它以不同事物的理念和理性的形式，接收着这神圣的光。当人们用眼睛看见一个人时，他们在想象中创造出这个人的影像，并久久地沉思，力图对这一影像做出判断。然后他抬起他理智的眼睛，去看这个人的理性，它存在于神圣的光之中。突然，这神圣的光里的一叶火花向其理智闪耀，于是它便理解了这个人的真正本性。这种情况也同样发生于其他事物中。所以，我们通过上帝的光来理解万物。但我们在此世看不到这纯粹的光本身及其源头。灵魂的全部繁殖力在于这一点：上帝的永恒光芒，充满着万物的理性和理念，在灵魂的内部存在中照耀着。只要灵魂愿意，它随时可以通过纯粹的生活(vite puritate)和集中强烈的渴望而转向这种光，当它转向这光时，它便闪耀出理念的火花。

第十四章
对男性的爱从何处来，
对女性的又从何处来

在柏拉图看来，人的身体是有孕育力的，灵魂同样也是，这两者都被爱刺激而分娩。但有一些人，或者出于本性，或者出于教育（educationem），其灵魂比其身体更宜于繁殖后代；另一些人，当然是大部分人，则恰恰相反。前一类人追随的是天界的爱，后一类则追随世俗的爱。因此，前一类人自然地爱男性和成年人，而非女人和少年，因为在他们①之中，理智的锐度发育得更完全，它具有更出色的美，所以它更宜于接收他们②想要繁育出的学问。另一类人③则相反，激励他们的是性交的快感和有形繁殖的实现。但是，既然灵魂再生产的驱动力与认知无关，它并没有在性别间做出区分，那么当人们判定某个身体是美的时，它很自然会被激起性交的欲望；那些与男性交往的人，常常为了满足其生殖器的需求，与他们进行性交；尤其是那些在其出生之时金星处于阳性星座（signo masculino）中，或是与土

---
① ［英本］指成年男性。这种有意的代词指代不明，和一连串的从句，都是典型的秘传策略。
② ［英本］指天界的爱人们。
③ ［英本］指世俗的爱人们，更倾向于女人和少年。

星相联，或是在土星的宫室之中，或者与土星相对的人们。[①] 必须指出的是，生殖器勃起的目的不是无用的射精行为，而是为了繁殖和孕育的功能；这一部分应当从男性引导向女性。

我们认为，正是出于这类错误，这种邪恶的犯罪才会激起柏拉图在《法义》中反复将其诅咒为一种谋杀的形式。一个夺走某个即将出生者生命的人，应当被视作谋杀犯，丝毫不亚于那种从我们中带走已经有生命者的人。一个毁掉既成生命的人也许更为野蛮，但那不施予未出生之人以光，而杀掉其亲生子嗣的人更为残忍。

[①] 风象与火象星座为阳性，水象与土象星座为阴性，与四大元素有关。

第十五章
身体之上是灵魂，灵魂之上是天使，
天使之上是上帝

关于灵魂的两种繁育力和两种爱，就讲到这里。下面我们会讨论第俄提玛经过哪些步骤，将苏格拉底从最低等的事物带向最高等的事物。她把他从身体引向灵魂，从灵魂引向天使，再从天使引向上帝。事物的这四个层级必然存在于本性中，对这一点论证如下：

任何身体都是由他物推动的，就其本性来说它无法推动自身，因为它凭借自身无法做任何事情。由于灵魂的存在，身体似乎是由自身推动的；并且由于灵魂，它似乎是有生命的。当灵魂在场时，在某种意义上，身体确实推动着自身；但当灵魂不在时，身体只能被他物所推动，成为一个不再拥有这种能力的事物，而灵魂却合宜地拥有推动自身的能力。灵魂可将自我运动的力量借给任何它居于其中的事物。灵魂通过自身存在而借予他物的东西，它自身必须首先拥有，并且比他物要多得多。因此，灵魂要高于身体，因为一个能通过自身本质而自我推动的东西，必然要高于那些无法通过自身，而只能通过他物的存在来达到自我运动的东西。当我们说灵魂"自行"运动时，我们并不是在及物的意义上使用这一表达,像亚里士多德所说的柏拉图的意思那样,而是如同当我们说上帝"自在而在",太阳"自行"照耀[或火"自行"发热]时一样。并不是灵魂的某一部分在推动,另一部分则被其推动,而是整个灵魂出于其本性而自行运动;也就是说,灵魂可以在思维中从一个主题运动至另一个主题[并且它在不同的阶段行使着滋养、生长和繁育等不同功能]。这种时间上的连续性在本性上合宜于灵魂,因为那高于灵魂者,并不像它那样,在不同的时间理解不同的事物,而是一次性理解万有,在瞬间理解永恒。因此柏拉图正确地在灵魂中置入了最初的运动和最初的时间间距,运动和时间都由灵魂进入身体。

但是,既然在运动之前必然有停歇(statum),因为停歇比运动更为完满,那么,在灵魂变化着的思索之前,一定有某种不运动的智性,这种智性是完整的,并且一直是完全实现了的。灵魂并不是用完全的自我去理解的,也不是时时都在理解,而是用它的一部分、在特定的时候去理解,它并不拥有一种确定的理解力,而只有一种模糊的。因此,为了使那更完满的居于稍不完满的之前,在变化的、不完整的、间断的灵魂理智之上,必然有天使的理智,它不动、完整、持续,并且完全确定;于是,正如自我推动的灵魂居于被他物推动的身体之前一样,自在不动的理智也居于自我推动的灵魂之前。而且,身体只能通过灵魂而自我运动,因此并非所有的身体,而只是有灵魂的身体似乎才自我运动。同样地,灵魂通常只能通过理智去理解。如果理智天生存在于灵魂之中,那么在所有灵魂中都能发现理智，即使是野兽的灵魂，如同自我推动的力量一样。因此，理智并不是最初就属于灵魂本身。因此，一个最初本身就拥有理智的存在必然要高于灵魂。天使就是这种存在，它高于灵魂。

然而，在天使思想之上，必然是万有的起源和最高的善，柏拉图在《巴门尼德》中将其称作唯一者。在每一个复合物的多样性之上，必然是唯一者，本性简单。数字自一而起，所有的复合物都源于单一元素。[天使]思想，尽管是不动的，但它本性却并非唯一、纯粹和简单的。因为它理解自身。在这里似乎有这三种事物，它们在某种意义上是不同的：那去理解的、那被理解的以及理解本身。当它去理解时，它的理性是一回事；当它被理解时，又是一回事；当它是理解本身时，又是另一回事。而且，它具有一种认知的能力，在认知行为发生之前，就已经在自身中完全形成了，并成为认知行为的既定形式。这种能力，在理解的过程中，渴慕真理的光并接收到它，它在理解之前似乎缺乏这种光。并且，它自身中包含着所有理念的多样性。

于是，你们看到了，在天使中有多么大、多么多变的多样性和复合性。所以，我们不得不将那纯粹简单的唯一者置于它之前。但在那唯一者，即上帝之前，我们不能再放置任何东西了，因为那真正的唯一者没有任何多样性和复合性。如果在它（即"一"）之上还存在什么东西，那么它必然源于这个东西。如果它源于这个东西，那么它必由这个东西产生，就像效果是由起因产生的一样。那么，它就不再是唯一且简单的，而是至少由两种事物构成：它从其起因得到的东西，和它自身以往的缺陷。所以，这唯一者，如柏拉图所说而狄奥尼修斯大法官所确证的一般，它高于万有，并且他们两人都认为，这是对于上帝的最好称谓。

　　它的卓绝还表现在，最高的起因必然具有最广的影响，并且它卓绝的影响必然从自身扩至万有。唯一者的影响的确从其自身贯穿于全宇宙。因为，不仅天使思想是一，每个灵魂、每个身体也是一，而且无形式的质料本身，或形式的缺失，也在某种意义上被称作一。我们谈论的是一种寂静、一种黑暗和一种死亡。但思想和灵魂的影响却无法扩及它之上。思想赋予的是有组织的形状和秩序。灵魂赋予的是生命和运动；但最初的无形式的世界质料，由于没有形式，所以既无形状亦无生命。所以，唯一者要高于思想和灵魂，因为它的影响要比后两者广阔。出于同样的原因，思想要高于灵魂，因为生命，这一灵魂的天赋，并没有被赋予所有身体。然而思想，却赋予了它们所有的形状和秩序。

第十六章
上帝、天使、灵魂和形体之间的关系

因此，我们从形体上升至灵魂，从灵魂到天使，再从天使到上帝。上帝居于永恒之上。天使完全在永恒之中。它的运行和它的存在当然都是稳定的，而稳定是永恒的特征。灵魂部分在永恒之中，部分在时间之中，因为它的实体总是保持一致，没有任何增减变化。而它的运行，正如我们在前文中所揭示的，是在时间的间断(temporis intervalla)中进行的。形体完全服从于时间。它的实体服从于变化，而它全部的功能都需要时间空隙(temporis spatium)。因此，唯一者高于稳定或运动，天使处于稳定之中，灵魂则既在稳定又在运动中，身体只在运动中。同样地，唯一者高于数量、运动和处所；天使在数量之中，但高于运动和处所；灵魂在数量和运动之中，但高于处所；形体则服从于数量、运动和处所。尽管唯一者不具有数量，也不由部分构成，也绝不发生变化，也不限于任何处所，但天使显然具有一定数量的部分或形式，不过它不受限于运动和处所。灵魂具有部分的多样性和激情，也在思维的过程和情绪的波动中服从于变化，但它免于处所的限制。然而形体，受制于这所有的一切。

第十七章
上帝、天使、灵魂和形体的
美之间的关系

这四者之间的关系同样也存在于它们的美之间。形体的美在于其部分的构成，它受处所的限制，并受制于时间。灵魂的美服从于时间的变化，它当然包含着部分的多样性，但它不受处所的限制。天使的美只具有数量，它免于另外两者的限制。但上帝的美不受其中任何一种制约。

形体的美，人们能清楚地看见。你想也看见灵魂的美吗？那么将物质本身的质量和处所的限制，从有形的美上移开，将其余的留下，你就得到了灵魂的美。你想也看见天使的美吗？那就请不光去掉处所的空间，还要离开时间的进程，留下多样的成分，你便立即寻到了它。你还想见到上帝的美吗？那就再拿走形式的多样成分，只留下单一的形式，你便立即触到了上帝的美。

但是，当那些事物都被拿走之后，还给我留下些什么呢？你认为美不是光吗？所有形体的美都是你所看见的太阳光，它染上了这三种事物：形式的多样（因你能看见，它涂上了许多形状和色彩）、处所的空间和时间性的变化。去掉其物质的根基，

第十七章　上帝、天使、灵魂和形体的美之间的关系

那么没有了处所，它就只剩其他两者；灵魂的美正是如此。如果你乐意，去掉时间性的变化，将剩余的留下，那么就剩下一种明亮的光，没有处所，没有运动，而是铭刻着万物的一切理性。这就是天使，这就是天使的美。最后，去掉不同理念的数量，留下单一的、简单的、纯粹的光，类似于太阳自身光晕里的那种光，它没有弥漫在空气中，那么你就以某种方式把握了上帝之美，这种美超过了其他的美，至少是因为太阳本身的光，纯粹、单一、未被侵犯，超过了发散到混浊空气中的、分离的、污染了的和模糊的光。因此，所有美的源泉是上帝。所以，一切爱的源泉是上帝(fons ergo totius amoris est deus)。

而且，较之于空气中更为明亮的光来说，水中的太阳光是一种暗影。同样地，较之于火中光的明亮来说，空气中光的明亮也是一种暗影；较之于太阳自身中照耀的光来说，火中光的明亮是一种暗影。同样的类比也存在于形体、灵魂、天使、上帝这四者的美之间。上帝绝不会蒙蔽到去爱祂自身美的影子，而忽视祂自身的美。天使也不会被作为其影子的灵魂的美所慑服，而沉迷于它的影子并放弃它自身的美。但灵魂却会如此。这真令人哀叹，这是我们一切不幸的源头。我要说，只有我们的灵魂，被物性的美的魅力所俘获，而忽视了自己的美，忘却了自我，追逐着形体的美，这种美只是它自身之美的影子而已。

这就是俄尔甫斯所记载的那喀索斯(Narcissus)的悲惨命运。这就是人类的不幸灾难。那喀索斯，显然是年轻的，亦即一个冲动、未经世事之人的灵魂。他并不是看着自己的面庞，意思是说，他完全没有注意到自己的实体和性格；而是渴慕自己在

水中的倒影并想要拥抱它，意思是说，灵魂在身体（它是不稳定的、流动的，就像水一样）之中，渴慕一种美，这美是灵魂自身的影子。他放弃了自身的美，但永远也无法触及倒影。也就是说，灵魂在对形体的追逐中忽视了自身，但它在形体的用处中找不到任何愉悦。因为它并不是真的渴慕身体本身，而毋宁是如同那喀索斯一样，被物性的美所引诱，这只是它自身美的影像，它渴慕的是自身的美。它永远看不到这一事实：当它在渴求一个事物时，它追寻的却是另一个；那么它永远也无法满足它的欲求。因此，他化作了眼泪，殒灭了；这就是说，灵魂居于自身之外，沉迷于形体之中，它被强烈的激情所折磨，被形体的污垢所污染，它死亡了，因为它似乎成了一个形体而非灵魂。毫无疑问，第俄提玛为了让苏格拉底避开这种死亡，将他从形体引领至灵魂，再从灵魂到天使，最后从天使回归上帝。

第十八章
灵魂如何从身体之美上升至上帝之美

亲爱的宾客们，请这样思考，想象一下第俄提玛对苏格拉底如是说：

没有任何身体是完全美丽的，哦，苏格拉底，它或者是这部分迷人而那部分丑陋，或者是今天迷人明天丑陋，或者是这个人认为它迷人而那个人认为它丑陋。因此，身体的美，被丑所污染，它不可能是纯粹的、真实的、最高的美。而且，没有人会假定美是丑的，如同人们不会假定智慧是愚蠢的一样，但我们却的确有时认为身体的安排是美的，有时又认为是丑的。在某个时刻，不同的人对于它有不同的意见。因此，最高的、真实的美不存在于身体中。许多不同的身体有着一个相同的家族名称，"美的"。因此，这众多身体中的美一定有一种共同的品质，据此它们才被称作"美的"。但是，请记住，由于这种唯一品质居于另外的事物，即质料之中，那么它则源起于这另外的事物。因为那不能维持自身的很难从自身中起源。你认为它会起源于质料吗？显然不会。因为丑的、不完美的事物不可能使自身成为美的、完美的。本身是什么，就起源于什么。因此，众多身体的唯一的美起源于某种唯一的非物性的创造者。万有唯一的创造者是上帝，祂每天通过天使和灵魂使全世界的物质成为美的。因此美的真正理性在于上帝以及祂的使者，而非存在于世界的形体之中。哦，苏格拉底，我想你将很轻易地通过这些步骤，升至这种理性。

如果天性赐予你山猫一样的眼睛，我的苏格拉底，以使你能用视线穿透你面对的事物，那么，在那英俊的身体之外，你的阿尔喀比亚德可能看来十分丑陋。你所爱的究竟有多珍贵，我的朋友？你爱的只是一张表皮，一种使你着迷的颜色，或只是光的投影、一种不实的影像。抑或是，一种虚无的幻想迷惑了你，于是你爱某种你梦想的东西，而非你所看见的东西。然而，为了避免你认为我似乎完全在反对你，让你的阿尔喀比亚德仍被承认是英俊的吧。但他的哪一部分是英俊的呢？显然不包括他扁平的鼻子和他过高的眉毛。然而，这些部分在斐德若那里是迷人的，但在那里，他肥厚的双腿却使人不快。这些东西在卡尔米德那里是迷人的，只是他过细的脖子让你烦恼。所以，如果单独观察所有人，你会发现你无法赞美他们的每一个部分。如果收集起那在任何情况下都合宜的东西，你将基于对所有人的观察，在自身内建构起一个整体形象，于是，那分散于众多的身体之中的，绝对的人类之美，通过思考一个唯一的形象而在你的灵魂中集合起来。每一个个体的人的美，哦，苏格拉底，如果将它与你自己的抽象观念相比较，你将轻视它。你之所以拥有这种观念，不是由于身体，而是由于你自己的灵魂。因此，爱你灵魂所创造的那个观念和灵魂本身以及它的创造者吧，不要去爱那外在的美，那是缺憾的、分散的。

然而，我劝说你去爱灵魂中的什么呢？灵魂的美。身体的美是一种光；灵魂的美也是一种光。灵魂的光是真理，它是[你的朋友]柏拉图在其祷词中向上帝所祈求的唯一东西：

> 哦，神啊，请让我的灵魂成为美的，让那属于身体的东西不要阻碍灵魂的美，让我认为唯有智慧者才富有。

在柏拉图的祷告中，他说，灵魂的美存在于真理和智慧之中，而这是由上帝赐予人类的。真理，由上帝赐予我们，是唯一而整全的，通过其种种影响，它获得了各种德性的名称。鉴于它与神圣的事物打交道，它被称作智慧(sapientia)，即柏拉图向上帝祈求的首要东西；鉴于它与自然的事物(naturalia)打交道，它被称作知识(scientia)；鉴于它与人类的事物(humana)打交道，它被称作审慎(prudentia)。就它使人类平等来说，它被称作正义(iustitia)；就它使人类不可战胜来说，它被称作勇气(fortitudo)；就它使人类平静安宁来说，它被称作节制(temperantia)。

在这其中，包含着两种德性(virtutum)；我是指道德的德性和智性的德性，这两者统合着它们。智性的德性有智慧、知识和审慎；道德的德性包括正义、勇气和节制。道德的德性由于其运作(operationes)和它们的公共应用而更为著名。智性的德性由于其隐藏的真理而更为神秘。然而，一个在道德的德性下被培养大的人，由于他比其他人更为纯粹，可以轻易地上升到智性的德性。因此，我劝告你首先去思考那存在于道德德性中的灵魂之美，以便你能理解，在它们之中存在一个原则，据此它们才都被称作"道德的",即在纯粹的生活中有一个单一的真理,它通过正义、勇气和节制引领我们去往真正的幸福。因此,首先去寻求道德德性的单一真理,那灵魂最美的光。

但也要认识到,你可以立即从道德的德性上升到更清晰的真理,即智慧、知识和审慎,如果你认为这些德性被赋予在最好的道德德性下成长起来的灵魂,并且它们之中包含着道德生活的最高形式的话。尽管你也许认为智慧、知识、审慎这些概念完全不同,但请记住,在它们之中有一束唯一的真理之光,据此它们都被称作"美的"。我劝你去爱这束光,将其作为灵魂的最高之美。

但这嵌于许多不同的德性中的唯一真理,并不是最高的真理,因为它分散于众多德性之中,仍是一种他物。那居于他物之中的只能起源于他物。然而,唯一的真理并不源自观念的集合。因此,在人类的灵魂之上必然有某种唯一的智慧,它并没有分离于不同的概念中,而是唯一的智慧,人类多样性的真理就起源于这唯一的真理。

哦,苏格拉底,请记住,唯一智慧的单一光束就是天使的美,你必须将其尊为高于灵魂之美的事物。我们上面已说过,它超越了身体之美,因为它不受处所的限制,并且没有被分于物质的各部分中,它没有被污染。它也超越了灵魂之美,因为它完全是永恒的,并且不在时间序列中运动。但由于天使的光在各层级的无数[天使思想中的]理念里闪耀,并且由于在多样性之上必然存在一个作为所有数量起源的统一体,所以它必然发自万有的唯一开端,我们称其为唯一者。

唯一者的完全单一的光是无限的美，因为它不像形体之美那样，沾染了物质的污垢；也不像灵魂之美那样，在时间的序列中改变；也不分散于多样性之中，像天使之美那样。然而，任何不受外在附加物限制的属性，都被自然哲学家们称为无限的。如果热自在而在，不受冷或湿的阻碍，并且不为物质的重量所负累，那么它就被称为无限的热，因为它的力量是自由的，不受任何附加物的限制。同样地，不受任何形式限制的光是自由的，因为它出于天性而照射，无法估量、没有极限，不受任何事物的限制。所以，上帝的光和美，是完全纯粹的，不受任何他物的限制，因此可以毫无疑问地被称作无限的美。然而，无限的美也需要大量的爱。因此，我请求你，哦，苏格拉底，有节制有限度地去爱其他的事物，但用无限的爱去爱上帝，不让神圣的爱里存有节制。

第俄提玛对苏格拉底如是说。

第十九章
上帝如何被爱

但是，我杰出的朋友们，我们不仅应当毫无节制地爱上帝，如同被想象出来的第俄提玛所命令的那样，而且应当只爱上帝。天使心灵之于上帝，就如同眼睛的视觉之于太阳。眼睛不仅在一切事物之上首先渴望光，而且只渴望光。如果我们爱形体、灵魂或天使，我们不该真的爱这些事物，而是爱它们之中的上帝。在爱形体时，我们真正该爱的是上帝的影子（umbram）；爱灵魂时，爱上帝的肖形（similitudinem）；爱天使时，爱上帝的形像（imaginem）。因此，在此世我们应当爱万有中的上帝，以便在来世我们能爱上帝中的万有（ita deum ad presens in omnibus diligemus ut in deo tandem omnia diligamus）。以这样的方式生活，我们将看见上帝和上帝中的万有，并爱着祂和祂之中的万有。任何一个在此世带着爱、臣服于上帝的人，将在来世在上帝中重获自身。这样的人将返回他自身的理念，即他被创生时所依据的理念。那时，他的所有缺陷将被再次纠正；他将与他的理念永远地统一。因为真正的人与一个人的理念是同一的。因此，只要我们在此世与上帝分离，我们就谁也不是真正的人，因为我们与自身的理念或形式分离了。去往那里时，神圣的爱和虔诚会引领我们。尽管我们在这里①可能会被肢解或残缺不全，但到那时，有了对我们自身理念的爱，我们将成为一个完整的人，于是，我们将首先在事物中崇拜上帝，以便后来能崇拜上帝中的事物，而且，崇拜上帝中的事物，首先是为了在祂之中恢复我们自己，在对上帝的爱中，我们似乎也已爱了自己。

---

① 指在此世活着时。

第七篇谈话

第一章
以上的结论和哲人
圭多·卡瓦坎提的观点

最后，克里斯托弗勒·玛苏皮尼，这位深思熟虑者，当他即将开始讲阿尔喀比亚德的演说时，转过来对我说：

马奇里奥，我当然非常赞许你的乔万尼的家族，它已经产生了众多因学识和嘉行闻名的骑士，其中哲人圭多（Guido）受到其邦国的优待，他在微妙的逻辑方面超越了同时代的所有人，在举止和诗歌中都模仿这种苏格拉底式的爱，简要地涉及了你［我们］所讲的一切。

因为斐德若讨论了爱的源头，祂自混沌的内部散发而出。泡赛尼阿斯区分了爱，一旦降生，爱就成了两种，被称为天上的和世俗的。厄里刻希马库斯揭示了其分为两种时在万物中的广度。阿里斯托芬接着解释了如此强大的神在万有中出现的情状，表明经由祂，原本分裂的人又重新合拢。当阿伽通辩称只有靠祂人才能变得有福时，他讨论了爱的影响和力量是多么巨大。最后，苏格拉底由第俄提玛教导，简要解释了爱是什么；其本性是什么；何时升起，有几部分，目的为何，以及价值何在。

所有这些，圭多·卡瓦坎提这位哲学家，似乎都已经艺术性地融入了他的韵文中。就像一面镜子，被太阳的一缕光线以某种方式射入，又反射了回去，通过对光辉的反射燃着了近旁的羊毛，因此他认为灵魂中被他称作黑暗的思维（phantasiam）和记忆的部分（像镜子一样），被一种美本身（如太阳一样）的特定形象（如一缕阳光）射入，经过眼睛接受；这样一来从其中它会为自己（一种最初形象的光辉，就像它曾是的那样）形成另一个形象，通过它欲望的力量（如羊毛）被点燃并开始爱了。他还说这最初的爱，虽在感官欲望中被点燃，却是由形体的形式通过眼睛的观看而创生的，但是这种形式本身并不像它在形体的质料中那样，它印在思维中，却没有质料；这样一来，某个特定的人的形象就会出现于特定处所和时间。

他说，然后在理智中就会立刻出现另外一些这个形象的种类，它们看起来就不再像一个特定的人的形体，就像它在思维中那样，而是成了整个人类的共通理性或者定义。因此，就像从出自形体的思维的形象中，一种倾向于感官的爱在忠实于形体的感官知觉中升起了，从与形体非常疏远的理智的普遍种类或理性中，另一种爱会在意志中升起，它非常疏于和形体的交往。

他将前者置于欲念中，将后者放在沉思里。他认为前者绕着一个单一形体特定的美，后者则围绕整个人类的普遍的美。他说这两种爱在人当中必定相互对立，前者使人堕入兽性的或耽于酒色的生活中，而后者则使人升入天使般的或沉思的生活。他说后者免于烦扰，只能在很少一些人中找到；前者则受困于激情，它攫住了大多数人。正是出于这个原因，他用寥寥数语打发了后者，然后冗长地解释其他激情。

  但是由于他对你在前面讨论过的内容解释得很清楚，我并不认为有必要现在回顾它们。不过当他说黑暗的想象被照亮，以及从那种混合的黑暗和这光中，爱获得了其渊源时，我们也足够了解到这位哲人将一种不定形的混沌包含在了爱的繁育中，正如你前面已经假定的那样。而且在他的话语中谁看不出有两种爱，即天上的和世俗的呢？但是他也将其首要渊源置于神圣事物的美中，其次的源头置于形体的美中。太阳意味着上帝之光；阳光意味着形体之美。最后，他说只要爱的激励将有些人带往形体之美，另一些带往上帝之美，那么其归宿与其开初便会相符。

第二章
苏格拉底是真正的情人，一如丘比特

关于爱已谈论许多。让我们接着谈阿尔喀比亚德和苏格拉底。客人们充分赞颂了爱人们的神之后，还剩对这位神的正当礼拜者进行颂扬。所有人都认为苏格拉底是最正当的爱者。尽管苏格拉底终生都在丘比特的营地服务，公开而完全，毫无掩饰，他却从未因为其爱得不道德而被任何人谴责过。他生活的简朴和对其他人邪行常有的批评，使得很多权贵对他怀有敌意，特别是阿努图斯（Anytus）、莫勒图斯（Meletus）和卢孔（Lyco），城邦中最有实力的公民，以及特拉叙马库斯（Thrasymachus）、泡鲁斯（Polus）和卡里亚斯（Callias）以及其他演说家。而且还有喜剧诗人阿里斯托芬，这位尖刻的批评者。但是那些将他送上审判席的公民们，没有指控他有不道德的爱；他的敌人，演说家们也没有因为任何这类事攻击他。阿里斯托芬，那位喜剧诗人也没有，尽管在其狄奥尼修斯节目（Dionysiis）里他用了很多荒唐可笑的指控反对苏格拉底。现在你们觉得如果他已经用这么下流的污点玷污了自己，甚或如果他并没有完全躲过这一指控的嫌疑，他能逃脱那些诋毁者的毒舌吗？

你们注意到了吗，先生们，前面柏拉图描绘爱本身时，他刻画的很像苏格拉底，似乎真正的爱和苏格拉底非常相像，因此苏格拉底就是超越他人、真正正当的情人？现在请想一想；灵魂中回想那幅爱的图画。你会看到那里刻画着苏格拉底。将苏格拉底这个人置于你眼前。你会看到他干瘦、困苦，即本性忧郁的人，据说毛发也多，因为禁食而枯瘦，因疏忽而肮脏。而且赤裸，即用一块简易而老旧的斗篷遮体。赤脚走路；在柏拉图那里，斐德若将苏格拉底描绘成总是惯于那样行走的人。

卑下、低调(infima volantem)。斐多说，苏格拉底的目光总是盯在地上。而且长处卑下之地，因为人们发现他常在皮匠西蒙(Simon)或石匠的店铺里。他说着村野、粗鲁的语言，卡里克勒斯在《高尔吉亚》中曾批评过。而且他在遭受很多凌辱甚至常常是殴打威胁时，却如此君子，据说，他精神上竟然没有一丝混乱。

无家可归。当被问及他来自何方时，苏格拉底说："从世界中来。至善之所在即有我邦国。"但是家庭守护神、一张软床或贵重的家具都不是为他准备的。

歇息于门阶上、道路边。用这些来说我们的苏格拉底，象征着他开阔的胸襟，他的心向所有人开放。而且他以视觉和听觉为乐，那些是灵魂的门户；他还自信而无畏地行走，在任何地方睡觉，如果有必要，会裹在他的斗篷里。

总是很贫穷。谁不知道苏格拉底是一个石匠和产婆的儿子，即使到了老年，他还是靠自己的双手来刻石谋生，他从未喂饱自己和孩子们？他到处声明自己思想的贫瘠，询问每个人，说他自己一无所知。

刚强。他是一个有着始终如一的灵魂的人，有着不可动摇的信念，他甚至高傲地拒绝了马其顿的阿凯劳斯、克拉农（Cranon）的斯考普斯（Scopus）和拉里萨（Larissa）的欧律洛库斯（Eurylochus），当他不接受他们给的钱的时候，他也不愿意去他们那里。

勇敢、专心机警。阿尔喀比亚德在《会饮》中讲到他在战场上是多么英勇啊。当苏格拉底在波提底亚战斗中获胜时，据说他自愿将军功让给了阿尔喀比亚德。

冲动。佐披洛司（Zopyrus）这位相面家已经正确地判断出，苏格拉底非常容易兴奋。在说话时他常常挥舞双手，拉扯自己的头发，那就是其演说的热情。

雄辩。当他论辩时，几乎两方面的相应论证都会自动向他显现。他常常用不精练的词语，如阿尔喀比亚德在《会饮》中所说，尽管如此他仍然打动了听众的灵魂，胜过泰米斯托克勒斯、伯里克利和其他一切演说家所为。

他总是伏击美和善。阿尔喀比亚德说苏格拉底总是伏击他。苏格拉底因为他对这些看似有德行的人的爱而成了囚徒，但他通过他的论证反而让他们成为哲学研究的囚徒。

狡猾而嗅觉灵敏的猎手。苏格拉底习惯于在美的形体中寻捕神圣的美，上文已经说了很多，柏拉图在《普罗塔戈拉》中主张这点。

设置陷阱者。正如柏拉图的对话中所展示的，苏格拉底会以很多不同的方式驳斥智者、鼓励青年、教导有德行的人。

审慎的热情。他如此谨慎，在预言时又如此精准，以至于无论谁做了无论什么有悖他建议的事，都迷失了，正如《泰阿格斯》中柏拉图所言。

终生从事哲学。在他自己面对法官时的辩护词中,他告诉他们如果他们让他以永远放弃哲学研究为条件而免于死刑,他会更愿意去赴死而非放弃哲学研究。

术士、巫师、魔法师和智术师。阿尔喀比亚德的确说过,比起马尔苏亚(Marsyas)和奥林珀斯(Olympius)这些优秀音乐家的乐音,苏格拉底的话语更能让他镇静下来。有个灵明和他熟识,原告和他的朋友们都可作证。阿里斯托芬,那位喜剧诗人称苏格拉底也是智术师,控告他的人也这么说。很明显是因为他有种说服或劝阻的天赋。

居于智慧与无知之间。苏格拉底说:"尽管所有人都是无知的,但是我和他们并不一样,我对自己的无知并非无知,而其他人则对他们的无知完全无知。"因此他处于智慧和无知之间,因为,尽管他不知道事物本身如何,但至少他知道自己的无知。

正是出于这些原因,阿尔喀比亚德认为在赞美完爱本身之后,他们应该赞扬苏格拉底,因为他是最像爱的,因而也是最真的情人,因此我们可以了解到在颂扬苏格拉底时,所有以和他相同的方式去爱的人也都一并得到了赞扬。对苏格拉底的颂词你们已经在这儿听过,它们清楚地出自柏拉图笔下的阿尔喀比亚德之口。苏格拉底是如何去爱的,所有记得第俄提玛教义的人都知道。[因为苏格拉底是以上面第俄提玛教导的方式去爱的。]

第三章
论兽性的爱，那是一种疯狂

但是或许有人会问："这种苏格拉底式的爱对人类有什么好处呢？为什么得到如此颂扬呢？其反面有什么害处？"我来告诉你，回头看一下。

在《斐德若》中，我们的柏拉图将疯狂定义为一种思想的异化（alienationem）。但是他讲过两种异化。他认为一种异化来自人的疾病，另一种来自神。前者他称作疯狂（insaniam），后者称为神圣的癫狂（divinum furorem）。在疯狂这种疾病中，人被带到了低于人类种族的境地，到了一定程度，会从人变成兽。有两种疯狂。一种是由于大脑的缺陷，另一种是因为心灵的缺陷。大脑经常变得被过多的胆汁（adusta bili）、血液（sanguine adusto）、有时是黑胆汁（atra bili）占据。因此人们有时就会被弄得疯狂。那些受胆汁搅扰的人，尽管没有任何人激怒他们，也会极度恼怒，大声尖叫，攻击遇到的人，杀死他们自己和别人。那些受困于血液的人们，会突然成为难以自控的狂笑者，让自己明显超出一般的习俗，许诺关于他们自己的奇异之事，在歌唱中陶醉，在舞蹈中放纵。那些烦心于黑胆汁的人们会长久地哀叹；他们给自己制造梦幻，都是些他们此刻害怕的，或者未来担忧的。这三种疯狂当然是由于头脑的缺陷。而当那些体液留在心里时，它们会产生困苦和焦虑，但不是疯狂；压迫到头才会疯狂。因此人们说它们是由于头脑缺陷才发生的。我们认为使爱中绝望的人们备受折磨的那种疯狂，严格而言，是由于心的疾病引起的，将最神圣的爱的名号与它们联系在一起是错误的。但是为了让我们免于显得太过聪明而与大众为敌，也鉴于这个讨论的需要，我们还是用了爱的名号来言说它们。

第四章
世俗之爱是蛊惑

　　现在请侧耳倾心注意一些不得不说的问题。青年人，血液稀、清、暖而甜。随着年龄的增长，当血液中较稀薄的那部分消逝，血液就变得浓稠，因而也就变暗了。当然稀的部分就比较淡，淡就清澈透明；但是如果相反则结果也相反。为什么会暖而甜呢？因为生命和生命开始时，也即生殖本身包含在温暖和潮湿中，精液，这最初引发生命之物，是湿而暖的。在少年和青年时代这一本性会发挥作用。年长后它便必然改变了，一点一点地，变成了相反的属性，干而冷。正因如此，青年的血液稀、清、暖而甜。因为它稀就看起来清；因为它年轻，看起来就暖而湿，因为它暖而湿，所以看起来就甜。因为甜是一种暖和湿的混合。

　　我为什么说这些事情呢？是为了你们能理解这个年龄的精气还是稀、清、暖而甜的。因为这些是借由心灵的热力产自纯净的血液的，它们在我们中总是如此，一如血的体液。但是正如这种精气产自血液，它本身会通过眼睛放射出像它一样的射线，眼睛就像玻璃窗一样。也正像世界的思想，太阳，从其回环中放出光芒，经由光线将其自身的能量降给低等的事物，我们形体的心灵，经过一种其自身的永恒运动，引动最接近它的血液，通过所有部分，但主要是经由眼睛传播光线的闪耀。因为精气非常轻，所以当然会飞起来到形体最高的地方，其光芒更多地通过眼睛放射出去，因为它们本身是透明的，是所有部分中最光亮的。

但是，在眼和脑中有某种光线，尽管小，却有很多夜视动物可以为证。它们的眼睛会在黑暗中发光。而且，如果有人用手指以某种方式压自己眼睛的角落并扭动它，他似乎就能看到某个自身中发亮的环。据说被神化了的奥古斯都（Augustus），当他非常用力地盯着某个人时，眼睛会异常光亮而闪耀，那人就像面对太阳的光辉，让他放低眼睛。提庇留（Tiberius）据说也有硕大的眼睛，大得惊人，可以在夜里和黑暗中观看，但是只有很短一会儿，即当他从睡眠中初次睁开眼睛时；然后它们便又变暗淡了。

但是光线是由眼睛带着精气放射出来的，这种气带着血，我们可以从精疲力竭和发红的眼睛观察到这点，通过它们自己光线的散发，会使得近旁的目睹者的眼睛遭受相似的疾患。这表明光线到达了那人对面，随着那光线散发一种腐败之血的汽，由于它们的传染，观看者的眼睛就会被感染。①

亚里士多德写道，女人们在每月经血下行时，因为她们自己会凝视镜子，所以血的点滴常常弄脏镜子。我想之所以会这样，是因为：精气是血液之汽，看似是一种血，稀得眼睛看不到，但是在镜子表面会变稠，才被清晰地观察到。如果这些是落在不那么紧实的材质，比如织物或木头上，就看不到，因为

---

① 这里阐述的是红眼病的传播。

它不会留在这些事物表面，而会渗进去。如果它落在紧实但粗糙的事物上，比如石头、砖块，诸如此类，由于那些形体的粗糙，它就消逝和散落了。但是镜子，由于其坚硬，便在其表面阻止了精气；由于其表面平整光滑，便使它免于消散；由于其光亮，便帮助和增加了精气自身的光线；由于其冰冷，便迫使它细微的雾气凝成小滴。几乎是出于同样的原因，当我们张开颌骨，对着玻璃用力呼气时，我们会在其表面散布细微的唾液的水滴。我们的呼气，从唾液中飞出，在事物表面凝结，又回归为唾液。

因此如果眼睛睁大盯着某人，放出其自身的光线的投射，到近旁人的眼中，伴随着那些作为精神传播工具的投射，眼睛会放射我们称作精气的血红的汽，这是多么奇妙呀？于是有毒的投射会穿透眼睛，由于它来自投射者的心，所以会再次寻找被射中之人的心，作为其适宜的家园；它伤害了心，但是在心里坚实的后壁中，它又被弄得麻痹并返回到血液中。这种陌生的血，某种对受伤者本性而言陌生的血，感染了他的血液。被感染的血液就病了。因此随之而来的是双重的蛊惑。遭人嫌恶的老男人或忍受经期的女人的形象会蛊惑男孩。青年的形象则会蛊惑年长的男人。但是年长的男人的体液是冷而非常缓慢的，它便很难到达男孩的心后，无法穿行，所以不足以完全打动其心灵，除非是非常柔弱的婴孩。因此，这是一种轻度的蛊惑。

但是青年男子刺穿年长男子的心则是一种重度蛊惑。各位尊贵的朋友，柏拉图主义者阿普列乌斯(Apuleius)就是在抱怨这个，他说：

于我而言，你自己就是我现在痛苦的唯一的也是全部的原因和来源，但也是药本身和我唯一的健康。你的眼神经过我的眼滑入我心最深处，在我骨髓里生出狂烈的焰。所以怜悯他吧，那为你而死的人。

我恳求你们把他放在眼前，米里努斯人斐德若，那底比斯人、演说家卢西亚斯被他的爱攫住了。卢西亚斯盯着斐德若的脸。斐德若将自己眼中的光辉射入了卢西亚斯的眼睛，这光辉也带来了精气。斐德若的眼光很容易和卢西亚斯的结合，精气也轻松地与精气结合。斐德若心中产出的汽立刻寻找卢西亚斯的心，穿过它的坚壁，又凝结并变回斐德若从前的血，因此尽管看似奇妙，但现在斐德若的血也在卢西亚斯的心里了。于是两个人都立刻呼喊起来。卢西亚斯对斐德若："哦，我的心，斐德若，我至爱的脏器。"斐德若对卢西亚斯："哦，我的精气，我的血液，卢西亚斯。"斐德若追求卢西亚斯，因为血红的体液要求其适宜的容器，需要自己的居所。但是卢西亚斯更热烈地追逐斐德若。因为心脏没有了体液中非常小的颗粒后，做起事来比体液没有其合适的心脏做事时会更容易。比起精气对汽的需要来说，汽更需要精气。就像铁接收了磁石的属性，它当然会趋向于磁石，而不是吸引磁石，因此卢西亚斯追求斐德若多于斐德若追求卢西亚斯。

第五章
我们是多么容易坠入情网

但是有人会说，斐德若那熹微的光线、脆弱的精气以及非常细小的血，怎么能这么快、这么猛烈而具有破坏性地污染了卢西亚斯的全部？其实这并不奇怪，只要你想想通过传染而引发的疾病，如癣（pruritum）、疥（scabiem）、麻风（lepram）、肺炎（pleuresim）、肺痨（phtisim）、痢疾（disenteriam）、红眼病（lippitudinem）、瘟疫（epidimiam）等。其实恋爱传染病最容易得，也是最严重的病。当然青年人直接注入长者的精气和血有四种属性，正如我们说过的。它是稀、清、暖而甜的。因为它清，所以与长者眼睛和精神中的清澈相协调；它会引诱和吸引它们。它一旦注入就会被它们急切地吞没。因为它稀，它飞入心里的速度就很快。通过静脉和动脉，它很容易散布全身。因为它暖，行动起来就很有活力，它非常有力地影响长者的血液，并将其变为它本性的样子。卢克莱修论及了这点：

> 这个欲望就是我们的维纳斯：从这个就生出了一切的爱情的蛊惑，从这个，啊，才第一次在人的心中滴进了那

种欢乐的露水，而它不久又为冰冷的忧苦所代替。①

由于它甜，便以某种方式使内脏甜；它喂养和愉悦它们。因此当长者全部的血液都换成年轻人血液的本性后，就会寻找青年人的身体，以便居留于其自身的血管中，也是为了年轻血液的体液可以流入相应的年轻而柔嫩的血管。这种病人就会同时被快乐和痛苦影响。快乐是因为汽和血的清和甜。当然是前者吸引，后者取悦。而痛苦也是由于同样的稀和暖。当然是前者将内脏分割和拉扯成碎片，后者从人那里夺走他自己的，并将其变为其他的本性，由此变清后，它不允许自己再待在自己里面，而总是被传染他的人引向那人那里。卢克莱修曾暗示过：

> 肉体就去找寻那个用爱欲来刺痛心灵的对象。因为几乎每个人都是向伤害处倒过去，我们的血液的溅射正是向着打击我们的东西所自来的那个地方。如果敌人就在附近，血就会射中他。

在这些韵文中，卢克莱修只是意指一个被眼睛的光线伤害了的男人的血液，会流向伤害者，就像一个被剑杀死的人的血液，会反溅到杀人者身上。如果你问这奇迹的原因，那么我会这么解说：

赫克托耳（Hector）伤害了帕特罗克勒斯并杀了他。帕特罗克

---

① 卢克莱修：《物性论》，4.1059—1060。译文采用方书春先生译文，"维娜丝"作"维纳斯"，下同。

勒斯看到赫克托耳伤害他时，他的思想从这点判断说，他应该复仇。他的胆汁立刻被激发起来要复仇。这下他的血液被激发起来了，并且立刻加快涌向伤口，一方面是为了保护那部分身体，另一方面也是为了复仇。精气也冲向同一个地方；因为它们很轻，所以飞出来飞向了赫克托耳，并进到他里面；借着他的热量它们维持了一会儿，大约七个小时。在那段时间里，如果赫克托耳靠近尸体的伤口，并专心注视它，伤口就会向赫克托耳喷血，血污可以以某种方式飞向敌人，一方面是因为其所有热量还没有熄灭，其内在的运动还没有静止，另一方面是因为不久之前它被激起来反对他，最后是因为血液需要其精气，是那些精气吸引它们自己的血。被爱伤害之人的血液同样会加快来反对伤害者，卢克莱修所意指的我们非常赞同。

第六章
世俗之爱的奇异后果

纯洁的绅士们,我该接着说下面的吗,抑或省略掉它?我当然应该说下去,因为主题需要它,即便似乎不合时宜。因为谁能毫无反感地讲述反感之事呢?

伟大的转变发生在长者身上,他倾向于和一位青年相像,那青年使他想要将自己整个身体变年轻,并且想取出那青年的全部放入自身,为的是青年的体液可以获得年轻的动脉,或者年轻的动脉拥有青年的血液。因此他们会被驱策着一起做很多罪恶之事。因为生殖的精液会从全身往下流,他们相信或许通过射出或者接受精液,可以给予或者接受整个身体。伊壁鸠鲁派哲学家卢克莱修,这位所有情人中最不欢悦者,意识到了这件事:

> 谁受了维纳斯的箭所射——不管是一个姑娘样的少年射中他,或者一个从自己的整个身体上射出爱欲的女人射中他,受伤者总是竭力倾向那把它伤害的东西,而渴望和它紧贴在一起,向它体内灌注那从他自己体内吸取出来的液体……他们就贪馋地搂抱,口涎混着口涎,彼此喘着气,牙齿压紧对方的口唇——但是这一切都毫无用处,既然他

们不能从那里撕取什么东西，也不能使自己全身都渗入对方的肉体——因为有时他们使劲想做的好像就是这个；他们如此饥饿地在爱的锁链中互相搂抱，同时他们的肢体在溶化着，为强烈的快感所征服。

这就是伊壁鸠鲁主义者卢克莱修所言。情人渴欲将整个爱人纳入他们自身，阿特米斯亚(Artemisia)，卡利亚国王马索鲁斯(Mausolus)之妻，据说她爱她的丈夫超越了人类情感相信的范围，在他死后把他的身体碾碎成粉末，溶解在水里饮用。

第七章
世俗之爱是一种血液的紊乱

  这种激情在血液中,证据在于实际上这种发热没有周期性的中断。任何持续的发烧都被物理学家定位在血液中;发烧六小时是在黏液(pituita)中;发烧一天是在胆汁中,发烧两天则在黑胆汁的体液中。因此我们将这种发烧定位在血液中是正确的。在血液中就是抑郁的,正如你在苏格拉底发言中听到的。思想定位(affixio comitatur)总是伴随这种血液。

第八章
情人如何变得像爱人

正因如此，如果你们听说有情人在自己身体中呈现出与其爱人的某种相似性，你们不会感到惊讶。怀孕的妇女们常常热切地思议她们极为渴念的葡萄酒。那热切的思议推动内在精神，并且在其内印上一个被思议之物的形象。精神同样推动血液，在非常柔软的胚胎物质中，挤压出一种葡萄酒的形象。但是一个情人比起孕妇来更急于渴欲他的快乐，会更热烈更持续地思议它们。如果只是通过思想，那些特征便被如此深刻地种植和扎根在胸中，那么它们被印在精气上，又由于精气而被立刻印在血中又有什么奇怪的呢？特别是因为斐德若那非常温柔的血液已经在卢西亚斯的血管中繁育，所以斐德若的脸可以很容易地被反映在其自身的血液中。但是由于形体的所有部分每天都逐渐变干，因此它们每天都要恢复，从食物中获取湿气，每个人的形体都一天天逐渐变干，又渐渐恢复。但是各部分是由于血管中的血液流动而得以恢复的。因此如果血液印上了某种形象，不就会把那形象印到身体各部分吗？因此卢西亚斯最终在肤色（coloribus）、特征（lineamentis）、感觉（affectibus）或姿势（gestibus）方面会变得像斐德若，又有什么好惊讶的呢？

第九章
我们会为谁陷入网罗

或许有人会问，为了谁，以什么方式，情人会陷入网罗，他们又如何挣脱。当然，女人很容易捕获男人，特别是表现出某种男子气概的女人更容易。男人捕获男人也更容易，因为他们比起女人来更像男人，他们拥有更清、更暖、更稀的血液和精气，这些是爱欲圈套的基础。但是男人中能最快吸引男人或女人的人，主要是那些乐天的人，也有易怒的人，和那些有蓝色闪亮大眼睛的人；特别是如果他们生活得纯洁，并没有因为性交而耗尽清纯的体液，毁损其平静的容颜。因为这些品质是那些伤害心灵的箭本身为了被适当地发送出去而需要的，正如我们上文所言。

而且，出生时金星在狮子宫，或者月亮热切地观望金星，以及被赋予同样肤色（complexione）的人会很快陷入网罗。而冷漠（黏液质）的人，黏液在他们里面占支配地位，他们永远不会陷入网罗。抑郁的人，黑胆汁在他们里面占主导地位，他们很少会陷入，但是一旦陷入，以后便永远不会自由。当一个乐天的人捕获另一个乐天的人，那是一种轻的轭，一种惬意的联系，相同的肤色会产生彼此的爱。而且，这体液的和善给情人提供了信念和希望。当一个易怒者捕获另一个易怒者，那束缚会更无法忍受。当然肤色的相似提供了些他们之间善良意志的交换，但是暴躁的胆汁体液以频繁恼怒来搅扰他们。当乐天的人捕获了易怒者，或相反，由于一种快活的体液和一种痛苦的体液结合了，就会造成易怒与和蔼、快乐与痛楚的轮换。当乐天者给一个忧郁者上了轭，那种关联就是永恒的，但并不是不快乐的。当然，乐天者的甜蜜会缓和忧郁者的苦楚。但是当易怒者困住忧郁者时，那病况是最具毁灭性的。年轻者的痛苦体液会滑入和贯穿长者的内脏。那柔和的火焰侵损着他的活力。不幸的情人被耗尽了。黄胆汁会激起愤怒和杀戮。抑郁会激起愠怒和恒久的抱怨；就因为这些，爱的问题常常与普里斯(Phyllis)、狄多(Dido)和卢克莱修所面对的是一样的。但是一个冷漠或者抑郁的青年人，由于他血液和精气的黏稠，他不会捕获任何人。

第十章
情人们如何被蛊惑

情人们如何被蛊惑，我们在上面似乎已经解释得很充分了，只要我们再说说，凡人们由于非常频繁的注目，而眼对眼直视，他们眼光交融，一同饮下长长的爱恋，此时这些可怜的人们最被蛊惑。正如穆萨爱乌斯（Musaeus）[1]所言，这病的全部因由和起源就是眼睛。因此任何眼睛神采有力的人，即便其他部分不那么吸引人，也会让常常目睹他的人疯狂，原因我们已经说过。与此相反的人则只会激起一种适度的善良意愿而非狂热。眼睛之外其他部分的和谐似乎没有导致这种疾病的能力，而只有一种引发的趋向。这些组合鼓励人们由远及近地观看它。当他在近旁看时，只是思考它就会耽搁他很长时间。但是当他流连徘徊时，只有目光伤害了他。但是对于分享神圣的适度的爱，即这次宴饮的主题而言，只有所有部分（不光眼睛）的和谐与愉悦同时发生，才会带来那样的爱。

---

[1] 有三位希腊诗人名叫"穆萨爱乌斯"，首位是雅典的穆萨爱乌斯，神话中的哲学家、历史学家、预言家、占卜者、祭司、诗人，俄尔甫斯的弟子和儿子，据说是阿提卡祭祀诗歌的创始人。

第十一章
逃脱[世俗之]爱的途径

我们已经讨论了我们会如何及由于谁而陷落。还需要用几句话讲讲我们如何挣脱。挣脱有两部分，一部分凭自然，另一部分靠努力。所谓自然者是由一定的时间间隔造成的。这不光适用于这个，也对所有疾病有效。比如腐败之血残留在血管中多久，皮肤就会痒多久，或者与那部分黏液碱性的强度相关。当血液得以净化和碱性减弱后，痒便中止了，皮肤上弄脏的污点便得以清洁。然而，有意的治疗在疏散过程中贡献最大。仓促的疏散或涂膏药被判定为非常危险。情人焦虑的持续也必然与血液的传染，及由于蛊惑而注入内脏的时间相当；它用过度的治疗手段压迫心脏，通过血管供给伤口，用不可见的火焰烧着那些部分。其通道是从心脏到血管，从血管到各部分。当这种传染最终得以净化，爱欲的不安便终止了。净化总体上需要很长时间，但是抑郁者需要的时间最长，特别是当他们陷于土星的影响时。如果他们受制于土星与火星相逆或相合，或与太阳相冲时，也会很苦闷。出生时金星在土星宫位者，或热切地观望着土星和月亮者，会病得最久。

在自然净化之外是最细心的技艺的努力。我们必须首先小心提防，以免停下或阻断了还未成熟的事物，也防止我们扯散本可以安全拆除的最危险的事物。必须突然中断习惯性的关系。人们必须特别小心,以免眼光相互交融。如果爱人的身体或灵魂有任何缺陷,它就要被灵魂时常思虑。灵魂要忙于很多各式各样的有很多要求的事务。血液要常常被移出。要利用清洁的葡萄酒,有时甚至喝醉,以便当老旧的血液被清空时,新鲜的血液和精气可以靠近。锻炼很重要,常要到出汗的地步,这样一来身体的毛孔就会打开,净化随即达成。而且,所有那些医生们用以保护心脏和给予大脑营养的事情都很有益。卢克莱修还给常见的交媾开了处方:

可是你最好还是避开那些肖像,把养育你的爱情的东西赶走,把你心灵转向别处,把那在你体内收集了的精子射给不同的肉体,也不要把全部心思集中于一个情人。

第十二章
世俗之爱的害处

为了避免我们讲更多的疯狂而疯掉,我们来简要总结一下。让世俗的情人们日夜烦心的焦渴挂念,是一种疯狂。随着爱的持续,他们起初会被胆汁的燃烧所折磨,然后被黑胆汁的燃烧折磨,后来他们冲入了狂乱和火焰,就像他们是瞎子不知道自己在何处孟浪。这种不贞洁的爱具有怎样的对爱人和情人都一样的破坏性,底比斯人卢西亚斯和柏拉图《斐德若》中的苏格拉底都已展示过。人们因这种疯狂会堕回兽类的本性。

第十三章
神圣之爱的益处及其四种类别

然而，经由神圣的疯狂，人们会超越人的本性，变成一个神。神圣的疯狂，尽管是一种理性灵魂的光亮，但在灵魂从更高者落入更低者之后，经由它，上帝又将灵魂从低处拨擢回高处。灵魂从太一（uno）——万物的开端——中坠落，通过四个等级被带到形体里；即经由思想（mentem）、理性（rationem）、意见（opinionem）和自然（naturam）。因为在所有事物秩序中有六个等级，其中太一等级最高，形体最低；中间四个是我们提到的那四者；从最高者降到最低者必须经过中间四个等级。太一本身是万物的限度和度量，没有混乱和多样性。天使思想是一种理念的多样性，但是稳定而恒久。灵魂的理性是一种概念和论证的多样性，可动但有序。而意见则是无序又可动的印象的多样性，但是统一在实体（substantia）和点（puntisque）上，因为意见存在于其中的灵魂本身是一个单一的实体，不占空间。自然，即从灵魂滋养出来的力量，动物的特性也与其一样，只不过它是通过形体的点来分配的。而形体是一种部分和偶然事件的不确定的多样性，易受运动影响，在实体、点和片刻中区分。

所有这些我们的灵魂都会回顾。通过这些，它会下降；经由它们，它也会上升。当它从太一——这万物的开端中被造出来时，它已经接受了一种统一性，这统一性整合了其全部本质（essentiam）、力量和行动，灵魂中的其他事物从那里来又回到其中去，就像一个圆环的半径从圆心来又到圆心去。它统一的不光是灵魂的各部分和整个灵魂，而且统一整个灵魂和万物的因由——太一本身。它闪耀着神圣思想的光芒，它通过静止不动，借助理智来沉思万物的理念。当它注意到自身时，它会思考事物的普遍理性，并且通过推理从开端进展到结论。当它注意形体时，它通过意见来考虑个别的形式和从感官而来的变动之物的形象。当它与物质相关时，它运用自然作为工具来统一、推动和形塑物质。世代繁衍（generationes）、增益（augmenta）和它们的反面都源自其中。因此你们可以看到它从太一这在上的永恒者中，落入了多样性里，从永恒落入时间中，从时间落入空间和物质里。当它与它产自其中的纯粹性分离时，我说它降落了，接受形体太久了。

第十四章
神圣的癫狂通过什么等级拔升灵魂

因此,正如它降自四等级,它也必然从四等级上升。但是神圣的癫狂是拔升至更高处者,那是在其定义中便确立之事。有四种神圣的癫狂。第一种是诗性的癫狂(poeticus furor),第二种是秘义(mysterialis),第三种是预言(vaticinium),第四种是恋爱的感情(amatorius affectus)。诗歌来自缪斯;秘义来自狄奥尼修斯;预言来自阿波罗;爱来自维纳斯。

很明显灵魂不可能返回太一,除非它自身成为一。但是它已经成了多,因为它已经落入形体中,被分入各种各样的操劳(operationes)中,关心物质事物无尽的多样性。结果是它里面更高的部分几乎睡着了;较低的部分统治着其他部分。前者死气沉沉,后者则烦乱纷扰。整个灵魂充满了不一致与不和谐。

因此首先需要诗性的癫狂,通过音乐的声响,唤起灵魂中沉睡的那部分,通过谐和的甜美安抚那些纷乱的部分,最后通过不同事物的调和,驱走纷扰烦乱,缓和灵魂的各个部分。这还不够。因为多样性仍然存留在灵魂中。因此还要有属于狄奥尼修斯的秘义,即通过赎罪和牺牲以及所有神圣崇拜,引导所有其他部分都关注理智(mentem),那样上帝便得到崇拜。这样一来因为灵魂的所有部分都只还原为理智,因此灵魂已经被变成一种单一的出于多的整体。

但是还需要第三种癫狂，它会引导理智返回统一（unitatem）自身，灵魂的首脑。阿波罗通过预言来实现。当灵魂超出理智进入统一时，它会看到未来的事物。最后当灵魂已经成为一，我说的"一"是在灵魂的本性和存在中，它很快将自身召回到太一中，太一超越存在，即是上帝。天界的维纳斯做到这些是通过爱，爱即渴欲神圣之美和渴念至善者。

所以第一种癫狂调和了不和谐和不协调的事物。第二种则使调和的事物进入出自部分的单一整体。第三种使其成为超越部分的单一整体。第四种使其进入太一，那高于存在、高于整体者。

在《斐德若》中，柏拉图称理智献身给神圣事物，是人类灵魂马车的御者；灵魂的统一，御者的首脑；用理性和意见来贯通自然事物的，是好马；困于幻象和感官欲望的则是劣马。整个灵魂的本性是那马车，因为其运动是环形的；当它意识到自己的本性时，会开始于自己，结束于自己。这里其关注点开始于灵魂之外，又返回到其中。它给予灵魂翅膀，借助它们，灵魂被带往了高尚；我们认为这就是一方面通过理智不懈地探索真理来研究，另一方面通过对至善的渴欲，我们的意志总会被影响。当困于烦乱的身体时，灵魂的那些部分便失去了其秩序。

第一种癫狂区分良马，即理性与意见，和劣马，即困惑的幻象和感官欲望。第二种癫狂使劣马屈服于良马，善好屈服于御者，即理智。第三种癫狂引导御者到他自己的头，即其统一，理智的顶端。最后的癫狂将御者的头转向万物之首。这时御者是幸运的，并且停下了他的马匹，即让灵魂的所有部分在马厩中即在神圣的美丽中，屈服于他自己，他在他们之前放了仙肴美味，而且还有玉液琼浆，即美的景象(visionem)和快乐的景象。这就是四种癫狂的作为。柏拉图主要在《斐德若》中讨论这些；但是他特地在《伊翁》中谈了诗性的癫狂，在《会饮》中讨论了爱情的癫狂。俄尔甫斯被所有这些癫狂攫住了，他的作品都可以佐证。我们听说过萨福、阿那克里翁①和苏格拉底主要是陷于爱情的癫狂。

---

① 阿那克里翁(Anacreon，前570—?)，希腊抒情诗人，因酒歌和赞歌闻名。后世希腊人将其归为九位经典抒情诗人之一。

第十五章
在这些癫狂中爱是最卓越者

一切中最有力最卓越者是爱情。我说最有力,是基于一个事实,即所有其他事物都必定需要它。没有巨大的热忱、火热的虔诚和对神圣者聚精会神的崇拜,我们就不会企及诗歌、秘义或预言。但是除了"爱",我们又能怎么称呼热忱、虔诚和崇拜呢?因此一切皆经由爱的力量而存在。它也几乎是最卓越者,因为其他的都以其为目的。而且,它让我们最接近上帝。

当然,有同样多的不贞洁的情感,似乎在错误地模仿着这四种癫狂。只是取悦耳朵的世俗音乐是模仿诗歌。很多男人徒劳的迷信是模仿秘义。人之审慎的错误臆测是模仿预言。性欲的冲动是模仿爱情。真正的爱不是别的,它是一种飞往从物质之美的影像中唤起的神圣之美的努力。但是不贞洁的爱从观看堕入了触摸。

第十六章
真爱何其有益

你们问苏格拉底式的爱有什么好？首先，它对苏格拉底本人好，因为那使他重获双翼飞回他的故园（patriam）；其次，它对他的城邦极为有利，因为他活得道德而快乐。构成城邦的不是石头而是人。人们还不懂事时，就像植物幼年一样，必须被照顾，被引导向最好的果实。家长和老师们要承担对孩子们的照顾。年轻人一般不会冒犯父母和老师立的规矩，除非与邪恶之人的交情把他们败坏了。如果他们还没有因与邪恶之人，特别是献媚者的交往和交流而改变的话，他们当然会遵从他在家里学到的生活的更高标准。

那么苏格拉底会怎么做呢？他会允许青年，那些城邦的未来，被可耻之人污染而败坏吗？那样的话他对祖国的爱去哪儿了？因此苏格拉底会出来帮助城邦，会让它的子民们和他自己的兄弟们免于毁灭。或许他会撰写法令，借此他可以将淫乱之人隔离在青年人群之外。但是我们不可能都变成吕库古（Lycurgus）和梭仑（Solon）。立法的权威只是给极少数人的；而很少人遵循法令已经规定的。那么怎么办呢？他会用自己的手，通过强力把年长者从青年那里推开吗？据说唯独赫拉克勒斯（Hercules）与怪兽搏斗过，其他人做这等暴力之事会很危险。或许他会告诫、指责，或是训斥邪恶之人？但是一个烦乱的灵魂会不屑于告诫者的话，更可怕的是，会以狂怒反对告诫者。正因如此，当苏格拉底试着这么做时，被人们拳打石击。只剩了一种对待青年安全的方式，即与苏格拉底的交谊。因此，他通过爱而献身于此，希腊人中最智慧者混迹各处，所到之处都有一大群青年相随。

因而真正的情人，就像一个牧羊人，会保护他的羊群避免深坑[贪婪]和伪情人或者狼群的烦扰。但是因为同等者最易与同等者结交，他便使自己和青年人一样，生活单纯，言语质朴，做游戏，嬉闹和玩笑。他最初把自己从老人变成孩子，是为了最终通过家人般的惬意的亲密关系，让男孩们成为长者。因为青年倾向于快乐，只被快乐掌控；他们会从严师那里逃跑。所以我们青年的保护者，为了其城邦的善好，忽略了对自己事务的管理，承担起对青年人的照料，首先是通过他快乐的团体的吸引力来捕获他们。当他们落入陷阱后，他会告诫他们，然后稍微严厉些，最后他用不折不扣的非难来谴责他们。

他以这种方式救了斐多，一个非常年轻的男人，是公共妓院的卖淫者，他使他脱离灾祸而成为一位哲学家。他劝服柏拉图这位曾经献身诗歌的人烧了自己的悲剧而承担起更有意义的研究。他引导色诺芬从世俗的奢华走向智慧的清醒(sobrietatem)。他使埃斯基涅(Aeschines)和阿里斯底波(Aristippus)从贫民变为富足之人，使斐德若从演说家变为哲学家，使阿尔喀比亚德从无知者变为最博学的人。他使卡尔米德变得真诚而谦逊，使泰阿格斯(Theages)成为城邦中公正而勇敢的公民。他说服欧蒂德默(Euthydemus)和美诺从智者模棱两可的话转信真正的智慧。因此与苏格拉底的交谊更为有益而不是有趣,一如阿尔喀比亚德所言,苏格拉底更被青年们热切地爱戴,胜过他爱他们。

第十七章
该如何感谢圣灵，
祂照亮和激发了我们这次讨论

那么现在，各位尊贵的宾客，首先是从各位的言辞，其次是从我的发言中，我们似乎已经成功地了解了爱是什么，真正的爱者是怎样的，以及爱者的益处何在。但是能让我们如此成功地发现这些的原因和老师，无疑恰恰是已经被我们发现的爱。这么说来就是被爱激发去发现爱，我们已经找到和发现了爱，因此必须为寻找和发现而感谢祂。哦，这神极致的宏伟！哦，无可匹敌的爱的仁慈！而其他诸神，在你已经寻求他们很久之后，最后才艰难地显示自身，且只是片刻。爱却会在我们开始寻求之前便迎向我们。因此人们承认比起其他神来，他们亏欠祂的最多。

有些人常常敢诅咒神圣的权能，那对我们罪过的惩罚者。有些也恨神圣的智慧，那对我们所有羞耻的揭露者。但是神圣的爱，一切善好的赐予者，我们无法不去爱。让我们崇拜这爱，祂对我们是如此慈悲(propitium)，有了这样的思想我们便可以敬畏祂的智慧和赞叹祂的权能，让我们崇拜爱，祂对我们如此慈悲，在爱的引领下我们可以保存(habeamus)上帝的整全(totum），可以说，保全慈悲，并用燃烧的爱去爱整全，我们也就可以用不朽的爱受享（perfruamur）整全的上帝！

1469 年 7 月，佛罗伦萨

图书在版编目(CIP)数据

论爱：柏拉图《会饮》评注 /(意) 斐奇诺著；梁中和，李旸译. — 北京：商务印书馆，2023.12（2024.6重印）
ISBN 978-7-100-22840-4

Ⅰ. ①论… Ⅱ. ①斐… ②梁… ③李… Ⅲ. ①柏拉图(Platon 前427—前347)—哲学思想—研究 Ⅳ. ①B502.232

中国国家版本馆CIP数据核字（2023）第154733号

权利保留，侵权必究。

论 爱
柏拉图《会饮》评注
〔意〕斐奇诺 著
梁中和 李旸 译

商 务 印 书 馆 出 版
（北京王府井大街36号 邮政编码 100710）
商 务 印 书 馆 发 行
南京鸿图印务有限公司印刷
ISBN 978-7-100-22840-4

2023年12月第1版　　开本 889×1194 1/32
2024年6月第2次印刷　　印张 8⅛

定价：42.00元